EL CINE DE ALFRED HITCHCOCK

SAULO RODRÍGUEZ LAJUSTICIA

I0427262

ISBN: 979-8879279467

INTRODUCCIÓN

Cuando en octubre de 2023 publiqué un pequeño libro sobre las películas de Sherlock Holmes que entre 1939 y 1946 protagonizaron Basil Rathbone y Nigel Bruce para la Universal, ya expliqué cómo, posiblemente, no fuera necesario un nuevo libro sobre ese tema, si bien, tratándose de algo que me había acompañado durante toda mi vida desde la adolescencia, no veía ningún motivo para dejar de hacerlo.

Lo mismo me sucede con Alfred Hitchcock. Aunque lo voy contando en los comentarios de algunas de sus películas que he querido que sean más personales y no tan «profesionales», mi primer contacto con el director fue a través de las novelas de *Los tres investigadores*, que estaban en las estanterías de la biblioteca de mi colegio y que me abrieron un nuevo mundo tras haber devorado las de *Los Cinco*.

Creyendo que el Hitchcock que los presentaba no era más que un personaje de ficción más, de repente una tarde descubrí que era un director de verdad cuando vi que en la televisión anunciaban una reposición nocturna de *Rebeca* (1940). ¡Aquel personaje era un director de verdad!

Ese fue el comienzo de todo.

La bibliografía sobre Hitchcock es abrumadora, empezando por la entrevista que le hizo François Truffaut y pasando por obras de referencia como las de Donald Spoto, Patrick McGilligan, Gene Adair, Bruno Villien o Guillermo del Toro.

No quiero hacer lo mismo. Este libro no pretende ser un estudio académico lleno de referencias bibliográficas y de inacabables notas a pie de página. Para eso ya existen numerosos estudios densos y sesudos.

Este libro, el mío, no es otra cosa más que un homenaje muy particular al maestro, al único director de cine del que he visto todas sus películas, a alguien que marcó mis gustos e incluso parte de mi forma de ser con toda una serie de largometrajes que hicieron la delicia de la mayor parte de los espectadores de todo el planeta.

Solamente me he centrado en el cine y no en sus cortometrajes como *Bon voyage* o *Aventure malgache*, además de otros que son de difícil visionado y cuya existencia se ha ido descubriendo con el paso del tiempo.

Este libro habla de los largometrajes que se pueden ver en la actualidad, es decir, todos menos *El águila de la montaña* (1926), su única película no conservada.

Tampoco me he metido en nada de lo que él hizo para televisión en aquella magnífica serie que fue *Alfred Hitchcock presenta*, pero también en *Suspicion* o en *Startime*. Quizá eso llegue más adelante.

EL JARDÍN DE LA ALEGRÍA (1925)

The pleasure garden

Reino Unido, 75 minutos.
Guion: Eliot Stannard, basándose en Oliver Sandys.
Intérpretes: Virginia Valli, Carmelita Geraghty, Miles Mander, John Stuart, Ferdinand Martini, Florence Helminger, Georg H. Schnell y Karl Falkenberg.

El jardín de la alegría (1925) fue la primera película de Alfred Hitchcock, si exceptuamos *Número 13* (1922), de la que apenas se sabe nada y algún que otro corto que ha sufrido una suerte pareja. Lejos todavía del Hitchcock que se convertiría en el mago del suspense y en uno de los directores más taquilleros de todos los tiempos, *The pleasure garden* encaja bien con el estilo de sus primeras películas, caracterizadas en su mayoría por presentar una fuerte carga moral en consonancia con los valores imperantes en los años veinte.

En esta película asistimos a la historia de dos bailarinas. Una de ellas, Jill, llega al teatro después de que le hayan robado todo el dinero, siendo acogida por la otra, Patsy. Pese a sus orígenes humildes, enseguida empieza a hacerse famosa y a volverse ambiciosa, olvidando lo que hizo su amiga por ella e incluso engañando a su novio por un conde que no la atrae pero que quiere que la mantenga. Por otro lado, Patsy conoce a un amigo del novio de Jill, de quien se enamora y con quien se casa en el lago Como… antes de descubrir que tiene una doble vida y otra mujer con quien vive en los trópicos en las largas temporadas que debe pasar allí por su trabajo.

Si la película podría ser "del montón" por recurrir al cliché de la mujer ambiciosa, tan habitual en aquella época, Hitchcock sabe reconducir la historia para que el villano oficial de la película sea el truhan de doble vida al que interpreta Miles Mander.

Por último, hay que señalar que la película anticipa detalles que se verían en el cine posterior con un asesinato cometido en un lago, una escena idéntica al desenlace de *Ha nacido una estrella* (1937), un espectro que aparece por el remordimiento y que recuerda al cine japonés de los años cincuenta y sesenta y hasta una toma en la que un personaje utiliza unos prismáticos que acerca a la cámara de manera que nos convierte a nosotros en los que vemos a través de ellos.

EL ENEMIGO DE LAS RUBIAS (1927)

The lodger. A story of the London fog.

Reino Unido, 92 minutos.
Guion: Eliot Stannard, basándose en Marie Belloc Lowndes.
Intérpretes: Ivor Novello, Marie Ault, Arthur Chesney, June Tripp, Malcolm Keen, Daisy Campbell, Maudie Dunham, Reginald Gardiner, Eve Gray y Alma Reville.

Dejando atrás la desaparecida *El águila de la montaña* (1926), la primera película de Alfred Hitchcock que sí tiene los elementos que le convertirían en el mago del suspense —y mucho más— es *El enemigo de las rubias*.

Trata de un asesino en serie que todos los martes mata a una chica rubia en las calles londinenses. Lo único que se sabe de él es que se cubre la parte inferior de la cara. Cuando en una pensión aparece un huésped que responde a estas características empezarán las sospechas de si puede ser él el asesino, especialmente porque la casera lo descubre saliendo a hurtadillas las noches en las que se cometen los asesinatos.

La historia, obra de una novelista, Marie Belloc Lowndes, a redescubrir en una época en la que sólo parece haberse hecho famosa Agatha Christie, ha sido adaptada varias veces más en el cine, siendo incluso algunas películas relativamente recientes.

En cuanto a este largometraje en sí, tiene bastantes detalles interesantes como, por ejemplo, el hecho de que el protagonista flirtee con la hija de la casera y que, a su vez, ella reciba las atenciones del policía a quien le han encargado la captura del asesino; las sospechas que constantemente asaltan al espectador sobre si el protagonista se trata o no del psicópata; el hábil mantenimiento del suspense sobre esta cuestión hasta el final y una interpretación, la de Ivor Novello, que recuerda mucho a las caracterizaciones que pondría de moda Bela Lugosi unos pocos años después en sus películas de terror a partir de *Drácula* (1931).

El enorme éxito que Alfred Hitchcock obtuvo con *El enemigo de las rubias*, primera muestra de su enorme desenvoltura en el cine de suspense del que haría gala a lo largo de su carrera, provocó que se volviera ya tremendamente popular desde sus inicios, si bien ninguna de las películas que vinieron inmediatamente después siguieron la senda que había iniciado, por lo menos en cuanto a su temática.

DECLIVE (1927)

Downhill

Reino Unido, 80 minutos.
Guion: Constance Collier, Ivor Novello —ambos como David
L'Estrange— y Eliot Stannard.
Intérpretes: Ivor Novello, Ben Webster, Norman McKinnel,
Robin Irvine, Jerrold Robertshaw, Sybil Rhoda, Annette
Benson, Lilian Braithwaite, Isabel Jeans e Ian Hunter.

Declive (1927), segunda película de Hitchcock en la que
también contó con el protagonismo casi absoluto de Ivor
Novello, la estrella de *El enemigo de las rubias*, está en mi opinión
muy lejos de los méritos que había obtenido con la anterior y
vuelve a ser un producto "del montón", de los de la inmensa
mayoría del cine de entonces, es decir, algo cargado de una
moral muy conservadora que tiene su componente de
adoctrinamiento.

Trata la historia de un joven de buena familia, que se
encuentra en uno de los mejores colegios de Inglaterra y que es
expulsado tras haber sido acusado en falso de dejar embarazada
a una chica por querer encubrir a un amigo. Aun cuando eso le
supone romper relaciones con su familia, hereda 35.000 libras de
una tía y eso le permite mantener un alto nivel de vida, hasta
que topa con una mujer que se casa con él y a la que no le
interesa otra cosa más que su dinero.

Divorciados y sin piso por haberlo puesto a nombre de ella, empieza a trabajar en cabarés parisinos, bailando con damas acaudaladas a cambio de dinero —alegoría clara de la prostitución masculina, tema nada frecuente en el cine de entonces—, hasta que toca fondo y acaba desahuciado y sin recursos en los muelles de Marsella.

La película consigue su objetivo y mete miedo con su mensaje de lo bajo que puede llegar a caer una persona, no sin que Hitchcock haga gala aquí de la misoginia que caracterizó sus primeras películas, con un tono que no difería prácticamente en nada de lo que mostraba por aquel entonces Cecil B. DeMille en los Estados Unidos.

Con todo, algunos de los elementos típicos de su filmografía ya se encuentran aquí, como por ejemplo el calvario que debe pasar un falso culpable o como los delirios que experimenta una persona atrapada por las circunstancias y que nos hacen recordar al James Stewart de *Vértigo* (1958).

VIDA ALEGRE (1927)

Easy virtue

Reino Unido, 60 minutos.
Guion: Eliot Stannard, basándose en Noël Coward.
Intérpretes: Isabel Jeans, Franklin Dyall, Eric Bransby Williams, Ian Hunter, Robin Irvine, Violet Farebrother, Frank Elliott, Dacia Deane, Dorothy Boyd y Enid Stamp-Taylor.

Los dramas familiares, a veces planteados como triángulos amorosos y a veces como folletines más complejos que llegan a tener tintes trágicos, marcaron los primeros años de la filmografía de Alfred Hitchcock. *Vida fácil* (1927) es un claro ejemplo de ello, una película muy menor dentro de su filmografía, de apenas una hora, pero que, vista con cierta calma, encierra un mensaje de crítica social más profundo de lo que parece.

Trata de una chica, Larita Filton (Isabel Jeans), que se ve envuelta en un escándalo de divorcio después de que su alcohólico marido la maltratara y después de que un pintor para el que posaba y que se había enamorado de ella se suicide al haber disparado sobre el marido y creer que lo ha matado. De viaje por Francia, conoce a un hombre de alta clase que se enamora de ella. Ambos se casan, pero el pasado de Larita resurge constantemente, sobre todo después de que su suegra, que la odia, haga lo posible para amargarla, especialmente tras descubrir lo del primer divorcio.

Si el argumento podría hacer pensar que la protagonista va a ser el objetivo de una moral conservadora y de la nada disimulada misoginia habitual en Hitchcock, lo cierto es que todo está planteado desde la situación de Larita, quien no ha hecho en realidad nada y quien se convierte en la víctima de una sociedad tradicional llena de prejuicios. Da igual que su exmarido la maltratara, que el pintor se suicidara o que su nueva suegra la torture; la sociedad entiende que la culpable es ella por su "vida alegre" y esto es lo que, adaptando a Noël Coward, critica profundamente la película de Hitchcock.

Llama mucho la atención que, varios años antes de que Daphne du Maurier escribiera *Rebeca* y que el propio Hitchcock hiciera su adaptación en 1940, algunas escenas de esta película sean iguales a esa historia, con una suegra que es un calco del ama de llaves de aquella o como sucede con una en la que la protagonista baja las escaleras de la mansión durante una fiesta ante la atenta mirada de todos los asistentes.

EL RING (1927)

The ring

Reino Unido, 116 minutos.
Guion: Alfred Hitchcock y Alma Reville.
Intérpretes: Carl Brisson, Lillian Hall-Davis, Ian Hunter, Forrester Harvey, Harry Terry, Gordon Harker, Charles Farrell y Tom Helmore.

The ring, un título que hace referencia tanto al ring de boxeo en el que los protagonistas masculinos pelean por el amor de la chica, como a un brazalete que el amante le regala a ella, que ella lleva toda la película y que simboliza la infidelidad hacia su prometido, es posiblemente la película muda más famosa de Alfred Hitchcock junto a *El enemigo de las rubias*.

Escrita por el propio Hitchcock y por su mujer, Alma Reville, la historia encaja a la perfección con los gustos de la época y no deja de ser una hija de su tiempo, estando dotada de una cierta carga moral, la habitual en las primeras películas del director, que busca transmitir al espectador el mensaje de que las aventuras amorosas pueden ser muy emocionantes y fascinantes, pero nada es mejor a la larga como la fidelidad, valor que el propio Hitchcock, haciendo honor a la verdad, parece que olvidaría en las décadas siguientes con su famosa obsesión por las actrices rubias que protagonizaban sus películas.

Por lo demás y aunque ha gozado de cierta fama, *The ring* se trata en mi opinión de una historia prototípica y repetida luego hasta la saciedad que se centra en el deportista al que todo le va genial, que luego empieza a decaer como consecuencia de sus problemas amorosos —quedando señalada ella como la culpable, de ahí que haya dicho que es una película hija de su tiempo— y que finalmente remonta gracias a que recupera su amor.

LA ESPOSA DEL GRANJERO (1928)

The farmer's wife

Reino Unido, 100 minutos.
Guion: Eden Phillpotts y Eliot Stannard.
Intérpretes: Jameson Thomas, Lillian Hall-Davis, Gordon Harker, Gibb McLaughlin, Maud Gill, Louie Pounds, Olga Slade, Ruth Maitland, Antonia Brough, Howard Watts y Diana Napier.

No es *La esposa del granjero* (1928) una de las mejores películas de Hitchcock e incluso así lo reconoció el director cuando le entrevistó François Truffaut muchos años después para la publicación de aquel libro maravilloso que fue *El cine según Hitchcock*.

Decidida apuesta por la comedia, cuenta la historia de un granjero que queda viudo y que, tras ver cómo se casa su única hija, sintiéndose triste por su situación, decide buscar novia con la ayuda y los consejos de su fiel criada. Si en otras ocasiones Hitchcock sería conocido como el mago del suspense, la verdad es que esta película no tiene ninguno y resulta más que evidente con quién va a acabar casado el protagonista.

Sin prácticamente nada de los elementos característicos de su filmografía que ya había presentado en algunas de sus películas anteriores y que desarrollaría con gran maestría a partir de *Chantaje* (1929) y, sobre todo, de *El hombre que sabía demasiado* (1934), *The farmer's wife* es una película bastante larga además en cuanto a duración habida cuenta de su premisa argumental (¡129 minutos!) que no tiene nada de especial, como no sea el hecho de que demuestra cómo Hitchcock estuvo experimentando en sus orígenes con varios géneros hasta que llegó aquel en el que encajó como un guante.

CHAMPAGNE (1928)

Reino Unido, 86 minutos.
Guion: Alfred Hitchcock y Eliot Stannard, basándose en Walter C. Mycroft.
Intérpretes: Betty Balfour, Jean Bradin, Ferdinand von Alten, Gordon Harker, Alexander D'Arcy, Vivian Gibson, Clifford Heatherley, Claude Hulbert y Hannah Jones.

De entre las primeras películas de Hitchcock, aquellas en las que, salvo detalles muy concretos, todavía no mostraban al director en el que se convirtió después, posiblemente *Champagne* sea aún menos conocida que todas las demás.

Muy influido todavía por lo que estaba de moda en los años veinte, Hitchcock realiza aquí una película bastante impersonal, que apenas se diferencia de cualquiera otra y que nos cuenta la lección que un padre millonario le da a su hija para que no despilfarre la fortuna familiar con sus caprichos, de forma que le hace creer que se ha arruinado en la Bolsa —irónico viendo lo que sucedió en Wall Street al año siguiente—, provocando con ello que ella empiece a vivir de manera acorde a su nueva situación económica, esto es, en una casa humilde, racionando la comida, horneando su propio pan y trabajando como chica que reparte flores en los cabarets.

Por un lado, vuelve Hitchcock a algunos de sus clichés en los primeros tiempos, con esas mujeres que, por una causa o por otra, se pensaba que debían "reeducadas" en su conducta por los hombres. No obstante, pese a que este es el hilo argumental de "Champagne", lo cierto es que hay un cambio en el planteamiento y es que la protagonista, siempre sonriente y muy inocente al fin y al cabo, cae simpática al espectador desde sus primeras escenas robándole a su padre un aeroplano para alcanzar el transatlántico en el que viaja el hombre con el que se quiere casar, mientras que, en contrapartida, los varones de la película, teóricos virtuosos, son presentados como seres ariscos, casi como si se tratara de gánsteres trajeados que generan bastante antipatía. El resultado es que Hitchcock juega muy bien con la ambigüedad, revirtiendo el mensaje inicial.

Por lo demás, sí, la película es muy impersonal desde el punto de vista hitchcockiano, pero sí que se ven ya algunos detalles técnicos magistrales, como el movimiento pendular de la cámara para simular el mareo a bordo o como una elipsis en la que un viaje se resume en dos carteles sin necesidad de más, uno que anuncia la llegada de un barco a Cherburgo y otro que nos informa de un tren con destino a París.

EL HOMBRE DE LA ISLA DE MAN (1929)

The Manxman

Reino Unido, 110 minutos.
Guion: Eliot Stannard, basándose en Hall Caine.
Intérpretes: Carl Brisson, Malcolm Keen, Anny Ondra, Randle Ayrton, Clare Greet, Kim Peacock, Nellie Richards, Wilfred Shine y Harry Therry.

Alfred Hitchcock no fue solo el mago del suspense, como se le llamó universalmente. Alfred Hitchcock fue mucho más que simplemente eso, una etiqueta que, sin duda, lo describe, pero que se queda muy corta. Alfred Hitchcock fue también un importante director de películas de amor, un elemento central en su filmografía. *Rebeca*, *Encadenados*, *Atormentada* o *Vértigo* lo demuestran con creces, por no hablar de que en la inmensa mayoría de sus películas encontramos cómo la historia de amor es lo que mueve la acción y da sentido a la trama.

El hombre de la isla de Man, su última película muda, es una muestra sobresaliente de lo que digo. Abandonando la ligereza de alguno de sus largometrajes anteriores, la excesiva carga moral únicamente enfocada en una dirección y descartando por el momento un género, la comedia, en el que Hitchcock no parecía desenvolverse demasiado bien, *The Manxman* es una historia de amor trágica, un triángulo en toda regla en donde dos amigos de la infancia se enamoran de la misma mujer, Kate, la hija del posadero.

Tras prometerse uno de ellos con ella, los desprecios que recibe por ser un pescador pobre lo llevan a embarcarse en dirección a Sudáfrica para hacer dinero, recibiéndose más adelante en Inglaterra la noticia de que ha muerto. Cuando Kate y el otro amigo se enteran, inician una relación, hasta que un día llega una carta en la que se les informa de que lo de la muerte fue un falso rumor y que regresa a casa con intención de casarse con ella.

El argumento, magistralmente construido, se vuelve mucho más enrevesado y diría que imposible de comentar sin hacer spoiler. En todo caso, puede decirse que creo que puede considerarse una de las mejores películas mudas de Hitchcock junto a *El enemigo de las rubias* y que resulta sublime en cuanto a la belleza, tanto por sus paisajes como por el urbanismo del pueblo pesquero que muestra.

Todo está cuidado al máximo y no faltan detalles técnicos que demuestran que Hitchcock estaba preparado para dar el salto a algo grande, como por ejemplo sucede con una escena en la que la relación entre Kate y el otro amigo se condensa con el simple paso de las hojas de la agenda de la chica y de unas anotaciones en las que se observa la evolución de la amistad hacia el amor.

CHANTAJE (1929)

Reino Unido, 85 minutos.

Guion: Alfred Hitchcock, Benn W. Levyy Michael Powell, basándose en Charles Bennett.

Música: Jimmy Campbell, Reginald Connelly y Hubert Bath.

Intérpretes: Anny Ondra, Sara Allgood, Charles Paton, John Longden, Donald Calthrop, Cyril Ritchard, Hannah Jones, Harvey Braban, Johnny Ashby y Joan Barry.

Chantaje, también conocida como *La muchacha de Londres*, se trata de la primera película sonora británica, en la que el sonido aparece de golpe tras unas primeras escenas mudas que ocupan aproximadamente los diez primeros minutos hasta que, de repente, los personajes empiezan a hablar.

La historia es bastante sencilla: una chica cuyo novio es policía es invitada a subir a casa por su amante. Cuando están allí, el amante intenta violarla y ella, en defensa propia, lo asesina con un cuchillo. Cuando sale de allí, todo le recuerda al asesinato, ve cuchillos por todas partes... Su novio descubre un guante que ella se dejó en la escena del crimen y enseguida intuye la verdad, con la mala suerte de que también se dará cuenta de ello una tercera persona que aprovechará las circunstancias para someter a la pareja a chantaje a fin de no revelar su secreto.

La verdad es que, cuando se llega a las películas más famosas de Hitchcock, resulta difícil decir algo que no se haya dicho ya en la multitud de bibliografía existente, siendo en este caso la anécdota más famosa que la protagonista, la checa Anny Ondra, que resultaba ideal para una película muda y que había estado magistral en *The Manxman*, no pronunciaba inglés correctamente, por lo que la irrupción del cine sonoro provocó que en *Chantaje* únicamente mueva la boca, pero que en realidad todo el rato escuchemos la voz de otra actriz de fondo, la misma Joan Barry que protagonizaría *Ricos y extraños*.

Más allá de todos estos detalles, nos encontramos ante una película que está claro que fue concebida como muda —existe además otra versión paralela así— y que denota la muy escasa experiencia que existía en aquel momento con las actuaciones habladas, puesto que hay muchas escenas largas donde nadie habla en beneficio de una trama que resulta ser demasiado visual todavía y con cierta pérdida de ritmo.

Probablemente esta sea una historia a la que no se le sacó suficiente jugo, puesto que a veces la película se hace un tanto larga y tiene muy escasa acción, si bien no se puede negar que contiene detalles grandiosos como una escena en la que una publicidad luminosa se convierte a ojos de la protagonista en una mano con un cuchillo que sube y baja, lo que resulta algo extraordinario en quien treinta años asombraría al mundo con una obra colosal como fue *Psicosis*.

JUNO AND THE PAYCOCK (1929)

Reino Unido, 85 minutos.
Guion: Alfred Hitchcock y Alma Reville, basándose en Sean O'Casey.
Intérpretes: Barry Fitzgerald, Maire o'Neill, Edward Chapman, Sidney Morgan, Sara Allgood, John Laurie, David Morris, Kathleen O'Regan, John Longden y Donald Calthrop..

Pese al enorme éxito de una película como *Chantaje* (1929) que hizo que Hitchcock adquiriera una notable fama que se consolidaría ya definitivamente a partir de *El hombre que sabía demasiado* (1934), *Juno and the Paycock* es, en mi opinión, una evidencia clara de cómo, a comienzos de los años treinta, el director británico seguía dando tumbos sin tener del todo claro cuál era su estilo o, cuando menos, la temática en la que se encontraba más cómodo.

Así, esta película, adaptación de la obra teatral homónima escrita por Sean O'Casey, es un extraño híbrido entre el drama social y la comedia, el género en el que Hitchcock nunca terminó de desenvolverse bien.

La trama se desarrolla en el Dublín de la década de 1920, durante la Guerra de Independencia Irlandesa y la subsiguiente

Guerra Civil Irlandesa. La historia sigue a la familia Boyle, encabezada por el patriarca, el "capitán" Jack Boyle, interpretado por Edward Chapman. Boyle es un hombre holgazán y alcohólico que prefiere pasar sus días en la taberna. A pesar de las dificultades económicas, Boyle mantiene una actitud despreocupada hacia la vida.

Es un holgazán en toda regla, alguien que prefiere que lo mantengan, alguien que se hace llamar "capitán" aunque tan solo tuvo una experiencia en un barco y alguien que se pone a cojear cuando le surge la posibilidad de trabajar pese a que, como dice su mujer, la Juno que forma parte del título y a la que interpreta Sara Allgood, no tiene problemas en saltar como una cabra cuando está emborrachándose en los bares.

La vida de la familia da un giro inesperado cuando reciben una herencia inesperada. Esta noticia despierta la esperanza de una vida mejor, pero pronto se desvanecerá cuando la realidad se imponga. Los Boyle se ven atrapados en la violencia y la desesperación de la guerra civil y sus vidas se ven afectadas por las difíciles decisiones que deben tomar.

Aunque muy alejada de su estilo habitual, justo es reconocer que Hitchcock logra capturar la tensión social y política de la época, utilizando la historia de la familia Boyle como microcosmos de la sociedad irlandesa en ese momento y demostrando cierta versatilidad al abordar un género diferente.

ELSTREE LLAMA (1930)

Elstree calling

Reino Unido, 86 minutos.
Dirección: André Charlot, Jack Hulbert, Paul Murray, Adrian Brunel y Alfred Hitchcock.
Guion: Adrian Brunel, Walter C. Mycroft y Val Valentine.
Intérpretes: Tommy Handley, Gordon Begg, Teddy Brown, Helen Burnell, Donald Calthrop, Gordon Harker, John Longden, John Stuart, James Thomas y Anna May Wong.

Elstree calling es una película británica de revista musical producida por el estudio británico Elstree. El impacto del cine sonoro fue tal que los estudios más relevantes del panorama cinematográfico mundial quisieron ponerlo de manifiesto en toda una serie de películas que, desde 1929, empezaron a plegarse de múltiples sonidos, bien a través de interminables diálogos y exceso de verborrea o bien con el nacimiento del cine musical.

Hollywood no se había quedado atrás y los principales estudios lanzaron toda una serie de producciones en las que mostraban a sus principales estrellas a modo de desfile, cada una con una pequeña actuación y todo ello enmarcado entre no pocos números musicales. Eso fue *The Hollywood revue* (1929) de la Metro y eso es, a modo de imitación, *Elstree calling*.

Es importante destacar que Hitchcock no dirigió la totalidad de la película, sino que solo contribuyó a algunas de las secuencias. Como todas estas películas de este estilo, la trama es bastante suelta, sin conexión entre unos elementos y otros y, en realidad, lo de menos. Centrada en torno a la producción de una película en los estudios de Elstree, los actos musicales y cómicos son su hilo conductor, amén de los sketches entre ellos que, a tenor de los títulos de crédito, serían los que habría dirigido Alfred Hitchcock.

No hay mucho que decir sobre ella. Se trata de una película de estudio en la que el director británico no fue más que uno más de la amplia comparsa que aparece y, salvo quizá una escena en la que un marido celoso asesina a su esposa y al amante de esta, no tiene ningún sentido buscar en ella los rasgos definitorios de su estilo.

ASESINATO (1930)

Murder!

Reino Unido, 104 minutos.

Guion: Alfred Hitchcock, Alma Reville y Walter C. Mycroft, basándose en Clemence Dane y Helen Simpson.

Intérpretes: Herbert Marshall, Norah Baring, Phyllis Konstam, Edward Chapman, Miles Mander, Esme Percy, Donald Calthrop, Esme V. Chaplin, Amy Brandon Thomas y Una O'Connor.

La siguiente película propia del Alfred Hitchcock que conoceríamos en un futuro por sus películas de suspense es *Asesinato*, que deja atrás todas las vacilaciones que se veían en *Chantaje* con respecto al uso de los diálogos. Nos encontramos ya ante una película puramente sonora —no podía ser de otra manera después de *Elstree calling*, aunque no fuera un largometraje propio de Hitchcock—, hasta el hecho de que hay momentos en los que quizá se abusa de los diálogos con escenas que tampoco aportan demasiado a la trama y que dan idea de cómo la llegada del cine sonoro supuso una constante experimentación en los primeros momentos.

En esta ocasión, una actriz de teatro aparece asesinada con la cabeza golpeada por un atizador y a su lado una compañera y rival se encuentra mirando al vacío. Al momento es acusada del crimen y condenada a muerte. Entre los miembros del jurado, sir John Menier (Herbert Marshall), que se ha visto forzado por los demás a declararla culpable, estará convencido de su inocencia e iniciará una carrera contrarreloj por salvarle la vida e intentar descubrir al verdadero culpable.

Quizá un tanto larga para el argumento que ofrece, lo cierto es que Hitchcock supo entretener con esta historia que podría haber protagonizado cualquier detective, además de ser una precursora clara de *Doce hombres sin piedad* (1957) en todo lo que se refiere a la deliberación del jurado, a cómo se fuerza a que el veredicto sea por unanimidad y a cómo hay personas que se resisten a condenar a la acusada, como le sucede al protagonista.

Si a eso le unimos un uso bastante eficaz de la voz en off para escuchar las reflexiones del protagonista o para enterarnos de la condena mientras la cámara se ha quedado en la sala en la que han estado debatiendo los miembros del jurado, tenemos una película mucho más ágil y atinada que la anterior y que pone de manifiesto la habilidad de Hitchcock para no quedarse atrás e ir innovando sin cesar.

JUEGO SUCIO (1931)

The skin game

Reino Unido, 85 minutos.

Guion: Alfred Hitchcock y Alma Reville, basándose en John Galsworthy.

Intérpretes: Edmund Gwenn, C. V. France, Helen Haye, Jill Esmond, John Longden, Phyllis Konstam, Frank Lawton, Herbert Ross, Dora Gregory, Edward Chapman, George Bancroft y Ronald Frankau.

De entre el cine temprano de Alfred Hitchcock, *El enemigo de las rubias*, *Chantaje* y *Asesinato* han sido quizá sus películas mejor valoradas, pese a que, en mi opinión, *Juego sucio* merecería unirse a esta lista.

La trama, basada en la obra teatral de John Galsworthy, se desarrolla en torno a una disputa de tierras entre dos familias de clases sociales diferentes: los Hornblower, una familia adinerada y refinada, y los Hillcrists, una familia de clase trabajadora. Lo que comienza como una disputa aparentemente sencilla por la propiedad de la tierra se convierte rápidamente en un juego de manipulación y tácticas cuestionables. La relación entre ambas familias se vuelve cada vez más enrevesada a medida que los personajes exploran los límites de la moralidad en su búsqueda del éxito y de la victoria en esta batalla legal.

Aunque la película se centra en la disputa de tierras, Hitchcock no se limita a tratar el tema de manera superficial. En lugar de ello, utiliza la trama como un vehículo para explorar temas más profundos relacionados con la moral, la ética y la lucha de clases. La película examina la corrupción que puede surgir cuando los individuos se enfrentan a situaciones desafiantes que los llevan a intentar conseguir sus objetivos a cualquier precio.

Entre el reparto, muy bien elegido, el mismo Edmund Gwenn a quien volveríamos a ver de la mano de Hitchcock en *Enviado especial* (1940) o en *Pero... ¿quién mató a Harry?* (1955), destaca como el astuto Hornblower, combinando a la perfección la mezcla de astucia y arrogancia que requiere su personaje. Por su parte, Phyllis Konstam, en el papel de su nuera, brinda al espectador una actuación sobresaliente que transmite la lucha interna de su personaje frente a un secreto que quiere mantener a toda costa sobre su pasado y que no será respetado por quienes no se detienen ante nada.

En conclusión, *Juego sucio* demuestra con creces cómo Hitchcock fue para muchos el mago del suspense, sobre todo a partir de su llegada a los Estados Unidos en 1940, si bien su filmografía está llena de películas que van mucho más allá y que suelen centrarse en los enormes conflictos, tanto morales como emocionales, a los que nos vemos enfrentados muchas veces y cómo en no pocas ocasiones los resolvemos de forma muy desesperada y no siempre satisfactoria.

RICOS Y EXTRAÑOS (1931)

Rich and strange

Reino Unido, 110 minutos.

Guion: Alfred Hitchcock, Alma Reville y Val Valentine, basándose en Dale Collins.

Música: Adolph Hallis.

Intérpretes: Henry Kendall, Joan Barry, Percy Mamont, Betty Amann, Elsie Randolph, Aubrey Dexter, Hannah Jones y Bill Shine.

Ricos y extraños, también conocida en español como *Mejor es lo malo conocido* es una película de 1931, que a veces encontramos clasificada como perteneciente a 1932 y que está protagonizada por Henry Kendall y Joan Barry. La trama sigue a una pareja de clase media que hereda una gran suma de dinero y que decide embarcarse en un viaje alrededor del mundo, solo para encontrarse con una serie de aventuras y desafíos inesperados que los separan más que los unen a partir del momento en que ambos cónyuges se enamoran de otras personas con las que llegan a cometer adulterio.

En un extraño híbrido entre la comedia y el drama que de nuevo vuelve a cargarse con cierto contenido moral, al igual que en sus primeras películas, Hitchcock experimenta con temas tales como la alienación, la búsqueda de la identidad y los peligros del exceso de riqueza.

Ricos y extraños es pues una reflexión sobre cómo nuestros valores y creencias pueden venirse abajo si cambia drásticamente nuestra vida, como le sucede a los protagonistas a partir del momento en el que reciben la herencia. Las tensiones entre tener dinero, la crisis de identidad que ello puede generar y un cuestionamiento sobre dónde reside realmente la clave de la felicidad son las pretensiones de una película en la que se ve cómo Hitchcock seguía a estas alturas con su habitual experimentación.

NÚMERO DIECISIETE (1932)

Number seventeen

Reino Unido, 66 minutos.

Guion: Alfred Hitchcock, Alma Reville, Rodney Ackland y Joseph Jefferson Farjeon, basándose en este último.

Música: Adolph Hallis.

Intérpretes: Leon M. Lion, Anne Grey, John Stuart, Donald Calthrop, Barry Jones, Ann Casson, Henry Caine, Garry Marsh, Pearl Hay y Herbert Langley.

Una película tremendamente desconocida de Alfred Hitchcock que, sin embargo, es una pequeña joya es *Número diecisiete*, en alusión a una casa abandonada que, sin embargo, una noche se encuentra llena de gente: alguien a quien se le ha escapado volando su sombrero y que se da cuenta cómo hay luces en una casa que debería estar vacía, alguien que se ha metido allí para dormir, un cadáver tumbado en el suelo que de repente desaparece, una chica que entra en escena después de estar paseando por el tejado y, finalmente, una banda de delincuentes que había acordado juntarse en la casa para hacer el intercambio de un valioso collar robado antes de huir al continente.

Sin los titubeos de las primeras películas sonoras en cuanto al uso del sonido —ya plenamente dominado, en su justa medida, sin excesos y sin largos silencios—, lo cierto es que no se puede ofrecer más en apenas una hora: en primer lugar, siguiendo la moda de caserones en las que confluyen todo tipo de turbios personajes y que se habían popularizado mucho en el cine de aquella época con películas como *The bat* (1926), *El legado tenebroso* (1927), *The bat whispers* (1930) o *El caserón de las sombras* (1932); en segundo, mediante toda una serie de increíbles y vertiginosas escenas de acción que se desarrollan en un tren que, a su vez y a toda velocidad, acaba colisionando con un ferry.

Hasta el último momento nadie es realmente quien aparenta ser y, aunque algunos detalles quizá se intuyen, el argumento dosifica las sorpresas y nos proporciona una hora de auténtico disfrute. Sin ninguna duda, *Número diecisiete* es una película que anuncia el maravilloso Hitchcock que estaba por venir y que anunciaba ya con total claridad las que serían las principales características de toda su filmografía posterior.

VALSES DE VIENA (1934)

Waltzes from Vienna

Reino Unido, 81 minutos.

Guion: Guy Bolton y Alma Reville, basándose en Heinz Reichert y Ernst Marischka.

Música: Hubert Bath, Julius Bittner, Erich Wolfgang Korngold y Louis Levy, adaptando a Johann Strauss padre e hijo.

Intérpretes: Esmond Knight, Jessie Matthews, Edmund Gwenn, Fay Compton, Frank Vosper, Robert Hale, Charles Heslop, Hindle Edgar, Marcus Barron y Betty Huntley-Wright.

Waltzes from Vienna es posiblemente la mayor rareza de toda la filmografía de Alfred Hitchcock. Estrenada en 1934, esta película presenta un lado muy poco conocido del director en el que se explora el mundo de la música y la pasión en la Viena del siglo XIX.

La trama gira en torno a la vida del famoso compositor Johann Strauss II, interpretado de manera brillante por Esmond Knight. Strauss, conocido por sus hermosas composiciones y su habilidad para cautivar a las audiencias con sus valses, se enfrenta a numerosos desafíos en su camino hacia el reconocimiento y el éxito. La película nos lleva a través de los altibajos de su carrera, así como de sus relaciones personales, incluida la tensa relación con su padre y su romance con Resi, interpretada con encanto por Jessie Matthews.

Una de las escenas más destacadas de la película es el emocionante concierto final, donde Strauss presenta su obra maestra, el famoso vals *El Danubio Azul*, al público por primera vez. La tensión y la emoción son palpables mientras el destino de Strauss como compositor pende de un hilo. Hitchcock logra crear un clímax verdaderamente inolvidable, que deja al espectador con un nudo en la garganta.

Las interpretaciones son soberbias. Esmond Knight ofrece una interpretación convincente y matizada del atormentado compositor, capturando tanto su genio creativo como sus luchas personales. Jessie Matthews brilla como Resi, infundiendo al personaje una mezcla irresistible de encanto y determinación. Por su parte, Edmund Gwenn, un actor tan recurrente en el cine de Hitchcock como lo serían más adelante James Stewart o Cary Grant, aparece poco, pero borda las escenas en las que da vida al estricto padre del protagonista, quien también fuera en la vida real un genial compositor.

En resumen, *Waltzes from Vienna* es una película que merece ser redescubierta por los amantes del cine y los admiradores del trabajo de Alfred Hitchcock. Con su cautivadora historia, su magnífica música y su dirección impecable, esta película sigue siendo un testimonio perdurable del talento y enorme versatilidad de uno de los más grandes cineastas de todos los tiempos.

EL HOMBRE QUE SABÍA DEMASIADO (1934)

The man who knew too much

Reino Unido, 75 minutos.
Guion: Charles Bennett y D. B. Wyndham-Lewis
Música: Arthur Benjamin.
Intérpretes: Leslie Banks, Edna Best, Peter Lorre, Frank Vosper, Hugh Wakefield, Nova Pilbeam, Pierre Fresnay, Cicely Oates, D. A. Clarke-Smith y George Curzon.

Aunque todos recordamos la versión en color protagonizada por James Stewart y Doris Day, no siempre se sabe que *El hombre que sabía demasiado* tuvo una primera versión en 1934, cuando Hitchcock todavía estaba en Inglaterra.

La historia es bien conocida para todos los hitchcockianos: una familia se encuentra de vacaciones y se entera de que un diplomático va a ser asesinado. Cuando los asesinos se dan cuenta de que se han enterado, le secuestran a su hija (en la segunda versión, hijo) a fin de hacerles callar. La película se convierte a partir de este punto en una carrera contrarreloj para, por un lado, localizar a la niña secuestrada y, por el otro, para intentar evitar el asesinato.

Aunque hay algunos cambios entre ambas versiones —las vacaciones son en Suiza en la primera versión y en Marruecos en la segunda; aquí secuestran a una niña y en la segunda a un niño; aquí el secreto le es revelado a la madre y en la de 1956 al padre y alguna que otra cosa más—, las historias son muy parecidas y por ello resulta francamente difícil quedarse con una de las dos versiones cuando ambas son absolutamente extraordinarias.

Quizá por haberla visto cuando era pequeño, yo prefiero la de 1956, si bien en esta versión el grupo de villanos queda mucho más logrado gracias a una interpretación magistral de un Peter Lorre capaz de adaptarse a cualquier papel que se le pusiera por delante, dando lástima cuando era necesario o siendo el mayor desequilibrado que se podía imaginar cuando era lo que se requería de él. Su interpretación en esta película va en esta última línea al caracterizar a alguien en donde se juntan maldad y locura a un mismo tiempo.

Convincente también un Leslie Banks que alternaba mucho en los años treinta entre papeles de héroe y de villano —en esta ocasión le toca hacer del padre que se mete en la boca del lobo para salvar a su hija—, quizá se echa un poco de menos mayor protagonismo de la madre, que resulta mucho más apartada en esta versión de 1934 en comparación con el protagonismo que en 1956 tendría Doris Day.

39 ESCALONES (1935)

The 39 steps

Reino Unido, 86 minutos.
Guion: Charles Bennett e Ian Hay, basándose en John Buchan.
Música: Jack Beaver y Louis Levy.
Intérpretes: Robert Donat, Madeleine Carroll, Lucie Mannheim, Godfrey Tearle, Peggy Ashcroft, John Laurie, Helen Haye, Frank Cellier, Wylie Watson, Gus McNaughton, Jerry Verno y Peggy Simpson.

En esta ocasión me apetece hacer un comentario un poco diferente y más personal puesto que, tras haber descubierto a Hitchcock por *Rebeca* hace más de treinta años, *39 escalones* fue la segunda película suya que me enteré de que existía. Como la echaban por televisión de madrugada, entonces no pude verla, pero en la biblioteca del colegio estaba adaptada para adolescentes la novela de John Buchan. Me leí pues primero la adaptación de la historia y me gustó mucho porque, tras la decepción que me había llevado la primera vez que vi *Rebeca* por ser muy poco aventurera (que fue exactamente lo que pensé), *39 escalones* sí que era una historia de acción al estilo de las novelas de los Tres Investigadores, que presentaba Hitchcock y que era lo que yo leía por aquel entonces.

En esta historia, Richard Hannay (Robert Donat) es alguien que conoce a una chica en un espectáculo y la lleva a su casa.

Una vez allí, le cuenta que está siendo perseguida por una red de espías porque sabe que su líder tiene pensado sacar del país un secreto militar por el que se comprometería la seguridad del Reino Unido. Al día siguiente, la chica amanece asesinada y nuestro protagonista iniciará un viaje a Escocia decidido a descubrir la identidad de los espías, a evitar que el secreto salga del país y, sobre todo, a descubrir qué son los 39 escalones.

Cuando por fin vi la película, me pareció magistral, repleta de acción, sin ningún momento de aburrimiento e incluso divertida cuando el protagonista conoce a la chica (Madeleine Carroll) y esta se une a sus aventuras. Quizá otra persona sacaría defectos a la película —a mí mismo nunca me convenció demasiado el personaje de Mr. Memory y su forma de actuar durante el clímax—, si bien, quitando eso, nada tengo que decir en contra de una historia que llegó a mí hace muchos años y que siempre me encantó.

EL AGENTE SECRETO (1936)

Secret agent

Reino Unido, 86 minutos.
Guion: Charles Bennett, Ian Hay y Campbell Dixon, basándose en William Somerset Maugham.
Música: John Greenwood.
Intérpretes: Madeleine Carroll, Peter Lorre, John Gielgud, Robert Young, Percy Marmont, Florence Kahn, Charles Carson y Lilli Palmer.

Siguiendo con la temática de espías y traidores en un año en el que iba a estallar la guerra civil en España y en el que cada vez se respiraba más tensión en Europa, *El agente secreto* vuelve a scr otra película tremendamente entretenida, con muy buen ritmo y bellos paisajes por el hecho de estar ambientada en Suiza.

Trata de un paracaidista (John Gielgud) al que se le encarga la misión de matar a un espía que se dirige a Estambul –aunque en la película siempre dicen Constantinopla todavía– con el objetivo de atraerse a los turcos a su causa. Para ello, se verá acompañado de una chica de la que fingirá ser su marido (Madeleine Carroll) y de un estrambótico personaje que se hace llamar "General Pompilio Moctezuma, conde de la villa de Alburquerque" aunque no lo sea, impulsivo y alocado a más no poder y al que no le tiembla el pulso ni a la hora de intentar conquistar sin éxito a todas las chicas que ve ni a la hora de matar (Peter Lorre). Recién llegados a Suiza, estos tres personajes deberán descubrir lo antes posible quién es el espía a fin de evitar que tome el tren con dirección a Turquía.

La historia se presta a la perfección al suspense en todo lo que se refiere a descubrir quién es el espía, si bien la película se convierte en muchos momentos en muy divertida gracias al mexicano que interpreta Peter Lorre, un personaje completamente cargado de estereotipos (no lo neguemos) pero que resulta fantástico si somos capaces de verlo simplemente como parte del entretenimiento.

Al igual que en *Número diecisiete*, las últimas escenas de la película, una vez descubierto quién es el espía, sorprenden por su gran acción, con accidente ferroviario incluido. Sin ninguna duda, *El agente secreto* se trata de otra nueva joya de un Hitchcock que empezaba a ser ya bastante conocido en Inglaterra y al que ya le quedaban menos de cinco años para instalarse en los Estados Unidos.

SABOTAJE (1936)

Sabotage

Reino Unido, 76 minutos.
Guion: Charles Bennett, Ian Hay y Helen Simpson, basándose en Joseph Conrad.
Música: Hubert Bath, Jack Beaver y Louis Levy.
Intérpretes: Sylvia Sidney, Oscar Homolka, Desmond Tester, John Loder, Joyce Barbour, Matthew Bolton, S. J. Warmington y William Dewhurst..

Sabotaje, también conocida como *La mujer solitaria*, es una película de Hitchcock que no debe confundirse con otra de 1942, también dirigida por él y con el mismo título, pero con una historia que no tiene nada que ver. Para complicar todavía más la cuestión, este largometraje de 1936 está basado en un libro de Joseph Conrad titulado *El agente secreto* que, a su vez, tampoco tiene nada que ver con la película comentada anteriormente.

Aclarado esto, este *Sabotaje* aborda la historia de una familia en la que el marido (Oscar Homolka) pertenece a un grupo terrorista ubicado en Londres. Tras provocar un apagón que no causa el efecto deseado, el siguiente plan de la organización será la detonación de una bomba en Piccadilly Circus, lo que acabará acarreando trágicas consecuencias para su familia.

Sin el frenético ritmo que Hitchcock había impuesto en sus películas anteriores, *Sabotaje* se convierte un magistral e insuperable ejercicio de puro suspense que se manifiesta en el momento en el que el hijo lleva inocentemente la bomba en un paquete, el espectador sabe que va a explotar a una hora, constantemente se va enfocando un reloj y el niño no para de detenerse, distrayéndose con todo lo que ve por la calle o incluso dándole golpes al paquete.

La interpretación de Sylvia Sidney como madre también es fantástica y, aunque quizá no sea una película tan valorada como otras, me parece que contiene una historia muy sólida y, por desgracia, muy real como era el miedo que había en aquellos momentos en Europa a los conflictos internacionales y a que estallara una guerra en medio de toda aquella caldera a presión llena de espías y traidores bajo la apariencia de ciudadanos respetables y honrados, temática que llegó a obsesionar a Hitchcock a mediados de los años treinta y que, de alguna manera, ya anticipó en *39 escalones*.

INOCENCIA Y JUVENTUD (1937)

Young and innocent

Reino Unido, 80 minutos.

Guion: Charles Bennett, Edwin Greenwood y Anthony Armstrong, basándose en Josephine Tey.

Música: Jack Beaver y Louis Levy.

Intérpretes: Nova Pilbeam, Derrick De Marney, Percy Marmont, Edward Rigby, Mary Clare, John Longden, George Curzon, Basil Radford, Pamela Carme, George Merritt, J. H. Roberts y Jerry Verno.

Si soy sincero, no es que me apasione *Inocencia y juventud*, que considero que es quizá la más floja de cuantas dirigió Hitchcock en su época británica a partir de *El hombre que sabía demasiado*. Con todo, debo reconocer que se trata tan solo de una opinión personal basada en mis gustos, puesto que, en realidad, tiene todos los elementos propios de su cine.

En esta ocasión no encontramos espías ni conspiradores, sino a una mujer que muere asesinada y cuyo cadáver es encontrado en la playa por el protagonista, con la mala suerte de que también lo ven un par de chicas que no dudan en señalarle como sospechoso ante la policía. Detenido al instante, conoce en la comisaría a la hija del inspector. En un despiste consigue fugarse y esconderse en el coche de la chica donde, tras convencerla de su inocencia, ambos empiezan a buscar al verdadero asesino.

Como reconocía, en realidad *Inocencia y juventud* se trata de un Hitchcock en estado puro que se reconoce a la primera por elementos tan característicos en él como la existencia de un falso culpable o la de una pareja que huye y que busca la verdad mientras ambos se enamoran…; sin embargo, cuando uno la compara con otros largometrajes de temática parecida tales como *Sabotaje* (1942) o *Con la muerte en los talones* (1959), lo cierto es que creo que queda palpable que nos encontramos ante una obra todavía bastante primeriza.

Con todo, justo es reconocer que no se trata de una mala película que, además, cuenta con una escena magistral final en la que, una vez sabemos que el asesino tiene un tic nervioso en los ojos, se realiza un desplazamiento de cámara por el aire desde una sala abarrotada de gente hasta enfocar la cara del asesino del tic, preludio también de lo que veremos en *Encadenados* (1946), cuando la cámara nos transporte por el aire hasta enfocar una llave que abre una puerta tras la cual se esconden secretos.

ALARMA EN EL EXPRESO (1938)

The lady vanishes

Reino Unido, 96 minutos.
Guion: Sidney Gilliat y Frank Lauder, basándose en Ethel Lina White.
Música: Louis Levy y Charles Williams.
Intérpretes: Margaret Lockwood, Michael Redgrave, Paul Lukas, May Whitty, Cecil Parker, Linden Travers, Naunton Wayne, Basil Radford, Mary Clare y Philip Leaver.

Una obra maestra en esta ocasión, *Alarma en el expreso* sería de lo mejor que Hitchcock rodó en Inglaterra junto a *39 escalones* poco antes de instalarse en América.

Narra la historia de una anciana (Dame May Whitty) que viaja en un tren y, de repente, desaparece. Cuando la protagonista (Margaret Lockwood), que se había hecho su amiga, empieza a preguntar por ella, nadie la recuerda y todo el mundo en el tren le empieza a decir que ella viajaba sola y que no han visto a ninguna anciana. Absolutamente convencida de que se trata de alguien real y desconcertada por el hecho de que nadie en el tren la recuerde, empezará a buscarla con la ayuda de un músico (Michael Redgrave) hasta que ambos descubren que, efectivamente, había una anciana sobre cuyo paradero parece haberse hecho un pacto de silencio.

Hay que reconocer que el mérito de la historia debe atribuirse a su novelista, Ethel Lina White, por haber creado un argumento tan original que se repetiría muchas más veces en la historia del cine, incluida una versión con Jodie Foster en la que la que desaparece es su hija mientras ambas viajan en avión. Sin embargo, no cabe duda de que Hitchcock contribuyó mucho con su película a que esta historia se hiciera famosa y es que, en definitiva, hablamos de alguien que ya era muy popular a estas alturas y que empezaba a trabajar con los que serían los mejores actores de la historia del cine británico.

Como anécdota diré que esta historia la volvemos a encontrar en uno de los episodios de la serie *Alfred Hitchcock presenta*, esta vez localizada en un hotel parisino y protagonizada por Patricia, la hija del director, quien haría algún que otro papel para su padre en los años cincuenta.

LA POSADA JAMAICA (1939)

Jamaica inn

Reino Unido, 108 minutos.
Guion: Sidney Gilliat y Joan Harrison, basándose en Daphne Du Maurier.
Música: Eric Fenby.
Intérpretes: Maureen O'Hara, Leslie Banks, Charles Laughton, Robert Newton, Horace Hodges, Hay Petrie, Frederick Piper, Herbert Lomas, Clare Greet, Jeanne De Casalis, George Curzon y Marie Ney.

La posada Jamaica es mi película favorita de las que Hitchcock rodó en los años treinta y no puede decirse que no esté alejada de su estilo. Película de época, trata de una chica que va a vivir con sus tíos a una posada que se encuentra en la costa. Enseguida se da cuenta del carácter violento de su tío y no tarda en descubrir que es el lugar desde donde opera una banda que atrae a los barcos a la costa durante las tormentas para que encallen y entonces poder asesinar a los supervivientes y robarles todo cuanto llevan.

Sin nada que ver con las tramas de espionaje que Hitchcock explotó en la segunda mitad de los años treinta, la película cuenta con una ambientación extraordinaria para una historia que se desarrolla a comienzos del siglo XIX, además de con unas interpretaciones geniales de un Leslie Banks que cinco años antes había interpretado a un padre al que le secuestraban a su hija en *El hombre que sabía demasiado* y que ahora se convierte en el turbio líder de la banda; de una Maureen O'Hara como asustada sobrina que va descubriendo poco a poco dónde se ha metido; de un Charles Laughton extraordinario como odioso juez del lugar y de un Robert Newton muy joven que interpreta a un infiltrado en la banda con el objetivo de desarticularla. Los carteles publicitarios parecen destacar solo a Charles Laughton, pero son todos realmente los que hacen muy buenos papeles.

Como esta historia me gustó tanto, hace unos veinte años me leí la novela en la que se basa, escrita por Daphne Du Maurier, y me pareció igualmente formidable. La película la sigue de forma bastante fiel en general y la capacidad de Du Maurier de introducir al lector en ese mundo de delincuentes y contrabandistas es extraordinaria. Aunque no sea quizá la película preferida de Hitchcock de nadie por estar tan alejada de lo habitual en él, a mí me fascinó tanto cuando la vi que la considero una auténtica joya que merecería ser redescubierta.

REBECA (1940)

Rebecca

Estados Unidos, 130 minutos.
Guion: Robert E. Sherwood y Joan Harrison, basándose en Daphne Du Maurier.
Música: Franz Waxman.
Intérpretes: Laurence Olivier, Joan Fontaine, George Sanders, Judith Anderson, Nigel Bruce, Reginald Denny, C. Aubrey Smith, Gladys Cooper, Florence Bates, Melville Cooper, Leo G. Carroll y Lumsden Hare.

De nuevo un comentario un poco más personal en esta ocasión, *Rebeca* es una de mis películas favoritas de la historia del cine. Recuerdo perfectamente cómo le gustaba tanto a mi abuelo Ramón como a mi madre y siempre que la echaban por televisión la veían. Cuando era adolescente, allá por los años noventa del siglo pasado, yo leía las novelas de los Tres Investigadores, que presentaba un tal Alfred Hitchcock. Un día en el que estaba en casa de mi abuela Francisca vi *Rebeca* anunciada en televisión y fue cuando descubrí que Hitchcock era un director de verdad.

Diré que cuando vi la película por primera vez me defraudó muchísimo porque yo pensaba que iba a ser algo con tanta acción como tenían los libros de los Tres Investigadores, con ladrones, secuestradores, asesinos...y en cambio me encontré con una película que me pareció de lo más lento que había visto nunca y en donde solo destacaba la parte final.

Luego con el paso del tiempo la vi más veces y sí que me fue encantando hasta el hecho de haberme leído también varias veces la novela de Daphne Du Maurier tras la buena experiencia que me llevé con *La posada Jamaica*.

Hoy en día no tengo ninguna duda de que se trata de una obra maestra, de una película que casi recuerdo escena por escena y en donde me encanta encontrar a actores que después me gustaron mucho en otras películas. Al margen de la pareja protagonista, para mí es una delicia ver a George Sanders (el Santo), a Nigel Bruce (el Dr. Watson de las películas de Sherlock Holmes que tan de moda se pusieron en los años cuarenta) o a Judith Anderson como la malvada ama de llaves que se convertiría en un auténtico icono.

Quizá sí sea una película un poco larga, pero realmente es indiferente porque se trata de una historia brillante en la que el espectador se siente en todo momento dentro de Manderley y que acaba gustando incluso a aquellos a los que no les convence Hitchcock.

ENVIADO ESPECIAL (1940)

Foreign correspondent

Estados Unidos, 115 minutos.
Guion: Charles Bennett, Joan Harrison, James Hilton y Robert Benchley.
Música: Alfred Newman.
Intérpretes: Joel McCrea, Laraine Day, Herbert Marshall, George Sanders, Albert Bassermann, Robert Benchley, Edmund Gwenn, Eduardo Cianelli, Harry Davenport, Martin Kosleck, Frances Carson e Ian Wolfe..

Camuflada entre dos clásicos como *Rebeca* y *Sospecha*, *Enviado especial* es una película que ha pasado bastante desapercibida. Creo que no está a la altura precisamente de estos clásicos y de otros que rodó Hitchcock en las tres décadas siguientes, pero igualmente se trata de una película muy entretenida, puesto que supuso trasladar a los Estados Unidos el tipo de historias que él había rodado en los años treinta en Gran Bretaña, esto es, tramas de espionaje en las que no se puede confiar en nadie y en donde el que aparenta ser un ciudadano respetable se trata en realidad del más peligroso conspirador.

En esta ocasión, Joel McCrea interpreta a un periodista que es enviado a Europa para comprobar cómo está el ambiente político en un momento en el que, no se olvide, ya había estallado la Segunda Guerra Mundial. Cuando llega a los Países Bajos, un político es asesinado al pie de una escalinata, lo que iniciará una persecución de los asesinos hasta que estos desaparecen en un campo lleno de molinos de viento. A partir de este momento, este periodista se juntará con la hija de un líder político pacifista (Laraine Day) y con otro reportero inglés (el magnífico George Sanders, de nuevo) intentando desenmascarar a los asesinos y descubriendo la existencia de una célula nazi infiltrada en Londres.

No era éste un mal argumento para introducir en América el estilo trepidante y lleno de acción de estas películas del Hitchcock inglés, si bien, exceptuando *Sabotaje* y *Con la muerte en los talones*, lo cierto es que no siguió por esta línea y su cine cambió a otro tipo de películas. El entretenimiento está garantizado pues en *Enviado especial* con un largometraje que se beneficia además de actores como Herbert Marshall, antiguo protagonista de *Asesinato* que interpreta ahora al padre de la chica, o al entrañable Edmund Gween dando vida a un asesino que quiere matar a Joel McCrea arrojándolo desde la cúpula de la catedral londinense de San Pablo.

MATRIMONIO ORIGINAL (1941)

Mr. & Mrs. Smith

Estados Unidos, 95 minutos.
Guion: Norman Krasna.
Música: Edward Ward.
Intérpretes: Carole Lombard, Robert Montgomery, Gene Raymond, Jack Carson, Philip Merivale, Lucile Watson, William Tracy, Charles Halton, Esther Dale, Emma Dunn, Betty Compson, Patricia Farr y Pamela Blake.

Matrimonio original es una comedia romántica protagonizada por Robert Montgomery y Carole Lombard. Si en la primera mitad de los años treinta era relativamente frecuente que Hitchcock experimentara con varios géneros hasta que encontró la horma de su zapato, que lo hiciera en 1941 con un largometraje en el que no hay nada de suspense o de acción llama bastante la atención.

La trama gira en torno a un matrimonio aparentemente feliz entre Ann y David Smith. Sin embargo, su felicidad se ve amenazada cuando descubren que su matrimonio no es legalmente válido debido a un error técnico en la licencia de matrimonio. En lugar de resolver el problema de manera convencional, deciden hacer un pacto para separarse y probar suerte con otras personas durante noventa días.

La premisa proporciona un terreno fértil para situaciones cómicas y enredos románticos. A medida que Ann y David intentan adaptarse a sus nuevas vidas separadas, se ven envueltos en una serie de malentendidos, celos y situaciones hilarantes que desafían su decisión inicial de separarse.

La pareja protagonista está soberbia y conecta plenamente con el espectador. Lombard, apenas un año antes de que un accidente de aviación acabara con su vida, brilla con su ingenio y encanto característicos, mientras que Montgomery aporta un toque de sofisticación y humor sutil a su papel.

Aunque *Matrimonio original* puede no ser tan recordada como algunas de las obras más emblemáticas de Hitchcock, sigue siendo un testimonio encantador de su habilidad para encontrar la comedia en situaciones cotidianas y explorar las complejidades de las relaciones humanas brinda una experiencia cinematográfica divertida y entretenida que sigue siendo relevante para los espectadores de hoy en día.

Por último, hay que señalar que su título original en inglés es *Mr. and Mrs. Smith*, lo que puede recordar a la película del mismo título que en 2004 unió a Brad Pitt y a Angelina Jolie, si bien no tiene nada que ver.

SOSPECHA (1941)

Suspicion

Estados Unidos, 99 minutos.

Guion: Samson Raphaelson, Joan Harrison y Alma Reville, basándose en Anthony Berkeley bajo el seudónimo de Francis Iles.

Música: Franz Waxman.

Intérpretes: Cary Grant, Joan Fontaine, Cedric Hardwicke, Nigel Bruce, May Whitty, Isabel Jean, Heather Angel, Auriol Lee, Reginald Sheffield y Leo G. Carroll.

Sospecha es una película cuyo paralelismo con *Rebeca* es evidente desde el punto de vista de una Joan Fontaine que aquí también se acaba de casar con un marido de cuyo pasado sabe más bien poco. Si en *Rebeca* era agobiada por la constante presencia en todo de la primera mujer de su marido y por la influencia que, después de muerta, seguía ejerciendo en los que la rodeaban, es esta ocasión la encontramos casada con un Cary Grant al que vamos descubriendo como un vividor que pretende aprovecharse de ella, que siempre huye de cualquier trabajo y que le miente constantemente.

Cuando aparece un amigo de su marido (Nigel Bruce) que le va contando indiscretamente que su marido no es la persona que parece ser y sobre todo cuando este amigo muere en extrañas circunstancias, empezará a sospechar que su marido va ahora a por ella y que intenta asesinarla.

Aunque inferior en conjunto en mi opinión a *Rebeca*, la película sí que tiene una intriga y un ritmo superiores a aquella y los actores están más que convincentes en sus papeles. El suspense sobre si Cary Grant planea asesinar a su mujer o no se mantiene hasta el final y la escena donde él le lleva un vaso de leche a ella con la sospecha de que pueda estar envenenado se ha convertido en una de las escenas míticas de la historia del cine.

Es una lástima que la censura impusiera un final que no agrada a casi nadie y que no desvelaré por si hay lectores que no han visto la película, si bien debe reconocerse que poco o más bien nada pudo hacer Hitchcock en ese tema.

En todo caso, quiero señalar que en 1947 Joan Fontaine rodó *Abismos* bajo la dirección de Sam Wood, con los papeles cambiados, siendo ella la sospechosa y con un final sin censuras que es el que yo creo que habría encajado a la perfección en *Sospecha*.

SABOTAJE (1942)

Saboteur

Estados Unidos, 109 minutos.
Guion: Peter Viertel, Joan Harrison y Dorothy Parker, basándose en Alfred Hitchcock.
Música: Frank Skinner.
Intérpretes: Priscilla Lane, Robert Cummings, Otto Kruger, Alan Baxter, Clem Bevans, Norman Lloyd, Alma Kruger, Vaughan Glaser, Dorothy Peterson, Ian Wolfe y Pedro de Córdoba.

De nuevo se hace necesario recordar que esta película no tiene nada que ver con la de 1936 que lleva este mismo título ni se trata de una segunda versión, aunque sí que volvemos a encontrar un tema ya un tanto recurrente en Hitchcock como es el del falso culpable que, por un lado, huye de la justicia y, por el otro, intenta descubrir a los verdaderos criminales.

Si a esto le añadimos un complot en donde los traidores son ciudadanos con aspecto de ser los más respetables del país, como sucede también en esta película, lo cierto es que tendremos que reconocer que nos encontramos ante una idea no muy novedosa ya en Hitchcock a estas alturas.

En esta ocasión, un obrero de una fábrica de aviones (Robert Cummings) se ve acusado de provocar un incendio después de que un compañero le pasara un extintor que estaba en realidad lleno de gasolina. En su huida de la justicia intentará localizarlo, lo que le llevará a conocer a la protagonista femenina (Priscila Lane), con quien, tras la desconfianza del principio y el amor que surge posteriormente, recorrerá carreteras y desiertos hasta que se topa con la organización criminal.

Como decía, aunque es entretenida, *Sabotaje* no ofrece nada nuevo y, en esta ocasión, tiene además un planteamiento un tanto extraño en el que las escenas de acción se entremezclan con momentos en los que la película tiene un ritmo demasiado lento, por lo que da la sensación de experimento en algo que Hitchcock dominaba en Inglaterra, pero que en Estados Unidos no acababa de cuajar asociado a él, máxime después de haber triunfado tanto con *Rebeca* y con *Sospecha*, películas con un ritmo mucho más pausado —en especial, la primera— que yo creo que le bloquearon un poco ante cualquier propuesta de cine de acción.

Es quizá por eso que *Sabotaje* es una película más bien discreta y desigual que, eso sí, tiene unas escenas finales absolutamente geniales que incluyen una persecución hasta la misma antorcha de la estatua de la Libertad.

LA SOMBRA DE UNA DUDA (1943)

Shadow of a doubt

Estados Unidos, 108 minutos.

Guion: Thornton Wilder, Sally Benson y Alma Reville, basándose en Gordon McDonell.

Música: Dimitri Tiomkin.

Intérpretes: Terese Wright, Joseph Cotten, Macdonald Carey, Henry Travers, Patricia Collinge, Hume Cronyn, Wallace Ford, Edna May Wonacott, Charles Bates, Irving Bacon y Clarence Muse.

Vamos en esta ocasión con una muy buena película que ha pasado muy desapercibida en la filmografía de Hitchcock, quizá por no contar con grandes estrellas en ese momento si se tiene en cuenta que Joseph Cotten, pese a haber trabajado ya con Orson Welles, en realidad se haría famoso más adelante, especialmente a partir de *Jennie* (1948) o de *El tercer hombre* (1949).

Cotten interpreta en esta película al tío Charlie, alguien que desconectó de su familia y que ahora vuelve al hogar de su hermana. Todos lo idolatran cuando llega, en especial su sobrina (Teresa Wright), que siente una gran admiración por él en tanto en cuanto supone un viento de aire fresco en la rutina familiar. El tema se complica cuando el tío Charlie le regala a su sobrina un anillo ya grabado en su interior; posteriormente el tío recorta una noticia de periódico que habla de él y ella lo descubre y, al poco tiempo, se presentan en la casa investigadores que le hacen una fotografía, ante la cual él se rebela. Atando cabos, la sobrina descubre que está en busca y captura un estrangulador de viudas del que nadie conoce su apariencia. Enseguida empezará a sospechar que el tío Charlie es el asesino al que todos buscan, por lo que su vida empezará a estar en peligro cuando note que él ha descubierto sus sospechas.

Extraordinaria película, como digo, en donde Hitchcock apuesta por el ritmo más pausado al que nos acostumbraría a partir de este momento y con una importante variación y es que, en esta ocasión, no tenemos a un falso culpable, sino a uno muy real cuya condición queda muy clara desde el principio, suponiendo la película una muy buena reflexión sobre lo poco que podemos llegar a conocer sobre nuestros amigos o familiares.

No se puede dejar de destacar la también magnífica interpretación que nos ofrece en esta película una Teresa Wright que va gradualmente desde el amor platónico hasta el pánico más absoluto.

NÁUFRAGOS (1944)

Lifeboat

Estados Unidos, 97 minutos.
Guion: John Steinbeck y Jo Swerling, basándose en Alfred Hitchcock y Ben Hecht.
Música: Hugo Friedhofer.
Intérpretes: Tallulah Bankhead, William Bendix, Walter Slezak, Mary Anderson, John Hodiak, Henry Hull, Heather Angel, Hume Cronyn, Canada Lee y William Yetter Jr.

Que Hitchcock estaba experimentando en los años cuarenta —si es que alguna vez en su vida dejó de hacerlo— con diferentes tipos de historia parece algo evidente y *Náufragos*, una de sus películas más desconocidas e infravaloradas, lo demuestra puesto que, frente a algunas de acción trepidante como *Enviado especial*, esta se desarrolla íntegramente en un único escenario: una balsa en la que acaban varios tripulantes de un barco hundido por un submarino alemán.

Como es fácil imaginar, todo tipo de personas se juntan allí: una periodista amante del lujo (Tallulah Bankhead), un carbonero que simpatiza con el comunismo (John Hodiak), el multimillonario dueño de varias fábricas (Henry Hull), una enfermera que iba con destino a Londres (Heather Angel) y otros miembros de la tripulación interpretados por William Bendix y Hume Cronyn. A todos ellos se les une un nazi que sube a la balsa y que no tardarán en descubrir que era el capitán del submarino que les hundió (Walter Slezak), por lo que empezarán las discusiones sobre qué trato deben darle al alemán y todo en un medio, el marítimo, en el que él parece ser el único que tiene conocimientos para salvarles.

La película tiene algunos comentarios en sus diálogos que no encajan con los valores que tenemos hoy en día y además cae en lo típico de presentar a los norteamericanos como los más civilizados del planeta frente a todos los demás, de los que uno no se puede fiar, lo que en parte se entiende si se piensa que se rodó en 1944, es decir, en plena Segunda Guerra Mundial. No deja de ser en algunos aspectos una película con cierto mensaje político de fondo y también hay detalles abiertamente racistas hacia el personaje que interpreta Canada Lee, que es el que menos interviene en la trama y al que se le presenta como el más habilidoso para robar.

Si prescindimos de esto, creo que nos encontramos ante un ejercicio magistral de cine por el hecho de que toda la película se desarrolle en una balsa y que, pese a ello, el espectador no se aburra absolutamente nada en hora y media, sino que disfrute con una trama llena de detalles sugerentes como una madre cuyo bebé está muerto, la amputación de la pierna gangrenada de un personaje a manos del alemán y mil matices más que resultan enormemente sugestivos en una producción muy recomendable sin ninguna duda.

RECUERDA (1945)

Spellbound

Estados Unidos, 111 minutos.

Guion: Ben Hecht, basándose en John Palmer y Hilary St. George Saunders, ambos utilizando el seudónimo de Francis Beeding.

Música: Miklos Rozsa.

Intérpretes: Ingrid Bergman, Gregory Peck, Michael Chekhov, Leo G. Carroll, Rhonda Fleming, John Emery, Norman Lloyd, Bill Goodwin, Steven Geray, Donald Curtis y Wallace Ford.

De entre la filmografía de Hitchcock, creo que *Recuerda* es quizá una de las películas con las que la crítica ha sido más injusta. Steven Jay Schneider, en el prólogo de *Las 1001 películas que hay que ver antes de morir*, habla de cómo la inmensa mayoría de películas de Hitchcock figuran allí, habiendo quedado sacrificada *Recuerda* por tratarse de una película fallida. En mi opinión, no es desde luego la mejor película de psicoanálisis que he visto ni la mejor de las muchas que se hicieron en los años cuarenta, pero aun así creo que no está tan mal como muchos han señalado.

Trata de la llegada a un sanatorio mental de un nuevo director (Gregory Peck) que viene a sustituir a quien llevaba veinte años al frente del mismo (Leo G. Carroll, un secundario habitual en las películas de Hitchcock). Allí conoce a una de las psicólogas (Ingrid Bergman) y ambos se enamoran al momento, si bien ella se da cuenta de que algo no marcha bien y acaba descubriendo que, en realidad, el nuevo director no es quien dice ser, sino alguien que le ha robado la identidad al verdadero. Enseguida se dará cuenta también de que tiene un trauma cuando ve rayas sobre fondo blanco, por lo que ambos iniciarán una huida cuando se descubra que no es el verdadero médico que tendrá por objetivo descubrir quién es en realidad y por qué le dan miedo determinadas situaciones cotidianas.

Como se ve, el argumento es bastante atractivo y creo que hay dos virtudes que pueden destacarse.

La primera de ellas es que el protagonista absoluto de la historia es el amor que sienten sus principales personajes. Hasta ahora, se trataba de un sentimiento que surgía entre los personajes conforme se desarrollaba la trama, pero aquí hablamos de amor a primera vista y realmente esto es lo que le lleva a ella a salvarlo a él. Creo que puede decirse que, con *Recuerda*, Hitchcock inició una serie de películas que hacen que llamarlo solo "el mago del suspense" se le quede muy corto, puesto que él era capaz de muchísimo más y, en este sentido, dirigió bastantes películas que son más de amor que de otra cosa.

La segunda virtud no es otra más que la célebre escena en la que se representa un sueño recurrente que tiene Gregory Peck y cuyo diseño fue realizado por Salvador Dalí.

ENCADENADOS (1946)

Notorious

Estados Unidos, 102 minutos.
Guion: Ben Hecht, basándose en John Taintor Foote.
Música: Roy Webb.
Intérpretes: Cary Grant, Ingrid Bergman, Claude Rains, Louis Calhern, Leopoldine Konstantin, Reinhold Schünzel, Moroni Olsen, Ivan Triesault, Alexis Minotis, Wally Brown y Antonio Moreno.

De nuevo una película brillante, *Encadenados* es posiblemente la mejor de la década junto a *Rebeca*... y quizá *Sospecha*. Estrenada justo después de la Segunda Guerra Mundial, trata de una mujer que tiene problemas con la ley (Ingrid Bergman) y que llega a un trato con las autoridades para infiltrarse en una célula nazi que quiere instalarse en Brasil bajo el liderato de Claude Rains. Como agente encargado de hacer de intermediario entre las autoridades y ella tenemos a Cary Grant. La trama se complicará cuando ambos se enamoran y ven cómo al líder de la organización que pretenden desenmascarar le sucede lo mismo, pidiéndole a ella que se case con él.

La combinación de amor y de intriga que tenemos en esta película es absolutamente perfecta, teniendo un ritmo mucho más acelerado que el de *Recuerda* y confirmando a Alfred

Hitchcock como un director que, más allá del suspense, dirigiría además espectaculares historias de amor.

Encadenados cuenta además con uno de los besos más largos de la historia del cine, con ambos protagonistas separando los labios, hablando y volviéndose a besar a continuación para burlar de esta forma a una censura especialmente celosa con todo lo que tuviera que ver con escenas de amor —y de violencia, por supuesto— excesivamente largas a su juicio.

La interpretación de Claude Rains como líder de la banda está igualmente a la altura de Grant y Bergman, lo que no es de extrañar al tratarse de un actor fantástico. Si a esto le añadimos detalles perfectos del argumento como la importancia que cobra una bodega llena de secretos y las peripecias que deben pasar los protagonistas para conseguir la llave que abre su puerta o como todo lo que sucede cuando descubren quién es en realidad el personaje al que interpreta Bergman, nos encontramos sin duda ante una de las joyas del cine de Hitchcock de los años cuarenta.

EL PROCESO PARADINE (1947)

The Paradine case

Estados Unidos, 125 minutos.
Guion: Alma Reville y David O'Selznick, basándose en Robert
   Hitchens.
Música: Franz Waxman.
Intérpretes: Gregory Peck, Ann Todd, Charles Laughton,
   Charles Coburn, Ethel Barrymore, Louis Jourdan, Alida
   Valli, Leo G. Carroll, Joan Tetzel e Isobel Elsom.

Comparar *El proceso Paradine* con *Recuerda* o con
Encadenados provoca que salga perdiendo y que de nuevo nos
encontremos ante una película un tanto vapuleada por la crítica,
si bien creo que nos encontramos ante algo de bastante calidad.
No es quizá una obra maestra, pero yo cada vez que la he visto
me ha gustado más.

La historia arranca con una mujer detenida por las
autoridades y acusada de haber asesinado a su marido, rico y
mucho más mayor que ella (Alida Valli). De su defensa se
encargará un prestigioso abogado (Gregory Peck) que, nada más
verla, se enamora de ella y se obsesiona con defenderla hasta el
punto de poner en peligro su matrimonio. En la búsqueda de
pruebas hará un viaje por la Inglaterra rural hasta la mansión
del difunto, donde conocerá al que fue su sirviente (Louis

71

Jourdan), quien no tardará en advertir al abogado de que tenga mucho cuidado puesto que su cliente no es como aparenta ser.

A partir de este punto, se va tejiendo una intriga bastante eficaz que consiste en desentrañar si la acusada mató a su marido o si, por el contrario, fue otra persona —con el sirviente como principal sospechoso— y por qué lo hizo quien lo hiciera. Podemos hablar pues de una película con el juicio como temática principal de toda la segunda mitad y, una vez más, con el amor que surge en él como telón de fondo...no en vano, esta película se tituló en Latinoamérica *Agonía de amor*.

El reparto no puede ser mejor. Si Alida Valli borda el personaje y constantemente provoca la lástima en el espectador, Ann Todd está brillante como la sufrida esposa del abogado que ve cómo su marido se ha enamorado de su clienta y aún tenemos espacio para dos gigantes de la escena como Charles Laughton interpretando a un repulsivo juez que se muestra constantemente hostil a Peck o como Ethel Barrymore interpretando a la aterrorizada esposa del juez que siempre recibe las humillaciones de éste.

Por último, viendo la película tuve la duda de cuándo escribió Agatha Christie su magnífica *Testigo de cargo* y descubrí que en 1948, un año después de esta película, lo que me confirma lo mucho que sin duda le influyó al ser muy parecida en muchos aspectos.

LA SOGA (1948)

Rebecca

Estados Unidos, 80 minutos.
Guion: Hume Cronyn y Arthur Laurents, basándose en Patrick Hamilton.
Música: David Buttolph.
Intérpretes: James Stewart, John Dall, Farley Granger, John Dall, Edith Evanson, Douglas Dick, Joan Chandler, Cedric Hardwicke y Constance Collier.

Segunda de las tres películas que Alfred Hitchcock rodó en un único escenario, *La soga* todavía resulta técnicamente más compleja que la anterior, puesto que, si *Náufragos* empleaba varias cámaras y puntos de vista, esta emplea una única cámara que se va moviendo en función de los diferentes focos de interés que van surgiendo. Si hoy en día hay muchos cineastas que se consideran experimentales, no puede decirse que Hitchcock no apostara por algo arriesgado en 1948, obteniendo unos resultados magistrales.

La película se desarrolla íntegramente en un ático en el cual dos estudiantes cometen un asesinato como paso previo a que metan el cadáver en un baúl y que sobre él sirvan una cena a la que han invitado a la novia, a los padres, a un amigo de la víctima...

La idea podría encajar perfectamente con una película actual y además muestra a la perfección las dos personalidades de los asesinos: uno de ellos un psicópata narcisista que se considera superior a todos los demás (John Dall) y el otro alguien débil que se pega toda la película arrepentido, angustiado y a punto de derrumbarse (Farley Granger).

El invitado estrella a la fiesta es un profesor que todos ellos han tenido en la universidad (James Stewart en su primera colaboración con Hitchcock) y que no tardará en darse cuenta de que algo no funciona bien cuando ve que la víctima se retrasa mucho en llegar para desesperación progresiva de todos —en especial, de sus padres—, lo que provoca no pocas relaciones tensas entre los dos asesinos.

Son también muy interesantes las conversaciones que se desarrollan entre los protagonistas como por ejemplo sobre lo que había impulsado a los nazis o sobre qué actores eran los más atractivos del momento, destacándose a Cary Grant mientras James Stewart se ríe cuando se afirma esto. No apta para los que quieran acción trepidante, *La soga* es una auténtica joya cuya revisión siempre te provoca descubrir detalles muy sugerentes.

ATORMENTADA (1949)

Under Capricorn

Estados Unidos, 117 minutos.

Guion: Hume Cronyn, John Colton y Margaret Lindon, basándose en Helen Simpson.

Música: Richard Addinsell.

Intérpretes: Ingrid Bergman, Joseph Cotten, Michael Wilding, Margaret Leighton, Cecil Parker, Denis O'Dea, Jack Watling, Harcourt Williams, John Ruddock y Victor Lucas.

Si no se conoce en profundidad la filmografía de Alfred Hitchcock o si uno se deja atrapar por los clichés, *Atormentada* puede considerarse una película extraña al tratarse de un drama puro y duro. Sin embargo, como he dicho, en los años cuarenta Hitchcock rodó muy buenas películas de amor y creo que *Atormentada* pretende ser de este género, prescindiendo de una intriga que en las otras producciones se encontraba muy a partes iguales.

Ambientada en Australia en la primera mitad del siglo XIX, en una tierra llena de gente que huye de la justicia, la historia nos presenta al primo del gobernador (Michael Wilding) recién llegado a la isla y conociendo a uno de los más ricos del lugar (Joseph Cotten). Al ser irlandés este recién llegado al igual que sucede con su mujer, el terrateniente le propone que vaya a su casa y allí la conoce, descubriendo que se trata de una persona con problemas de alcoholismo y en sus horas más bajas (Ingrid Bergman). Al conocerse desde que eran niños, él intentará que supere su depresión y sus visiones, enamorándose de ella en abierta hostilidad con su marido y descubriendo cómo el ama de llaves (una extraordinaria Margaret Leighton) es la que la empuja a beber y la que intenta volverla loca por estar secretamente enamorada de su amo.

Con honestidad, creo que no se puede decir que sea la mejor película de Hitchcock ni que esté entre sus mejores películas de amor, ni mucho menos. El ritmo es bastante lento y, por lo menos en mi caso, la historia no acaba como a uno le gustaría, lo que quizá se deba de nuevo a influencia de la censura o de los valores morales de la época.

Sin embargo, creo que la película se ve con agrado y aunque tiende a desentonar algo si se compara con lo que hacía el Hitchcock de finales de los años cuarenta, en realidad no resulta tan mala como se ha considerado por parte de muchos, tanto aficionados como críticos. En mi opinión, lo mejor que se puede hacer para disfrutar *Atormentada* es verla sin más y sin estar pensando en comparaciones con las demás películas del maestro.

PÁNICO EN LA ESCENA (1950)

Stage fright

Estados Unidos, 110 minutos.
Guion: Whitfield Cook y Alma Reville, basándose en Selwyn
Jepson.
Música: Leighton Lucas.
Intérpretes: Jane Wyman, Marlene Dietrich, Michael Wilding,
Richard Todd, Alastair Sim, Sybil Thorndike, Kay Walsh,
Miles Malleson, Hector MacGregor, André Morell y
Patricia Hitchcock.

Que Hitchcock fue en muchos aspectos un tremendo
innovador es algo en lo que ya he insistido bastantes veces,
aunque no lo he hecho tanto en el hecho de que ello le supuso
recibir críticas negativas en más de una ocasión. En *Sabotaje*
(1936) había asesinado a un niño en su argumento, lo cual era
bastante problemático de mostrar en la pantalla en aquella
época. En los años cuarenta había rodado dos películas en un
único escenario como fueron *Náufragos* y *La soga*, que tuvieron
una acogida muy dispar.

En esta ocasión se atrevería con algo que le fue bastante
criticado y que no quiero desvelar para todos aquellos que no
hayan visto la película. Sinceramente a mí me gusta bastante lo
que sucede en el largometraje y el hecho de que Hitchcock

intente engañarnos, que no nos deje las cosas claras y que lo que veamos no sea lo que parece ser. Me parece dar un paso más y bastante valiente y arriesgado en lo que se refiere a la evolución del cine de suspense.

La película se inicia con una pareja que está huyendo y en donde él (Richard Todd) ha sido pillado intentando ayudar a una famosa actriz (Marlene Dietrich) de la que está enamorado y que le ha engañado para que se deshaga de un vestido manchado de sangre. La chica que huye con él y que está enamorada del protagonista (Jane Wyman) lo lleva a casa de su padre y juntos intentarán implicar a la presunta asesina después de que vean con claridad cómo le ha engatusado y engañado.

No pueden darse más detalles de esta película sin desvelar nada de la trama, pero sí que es muy reseñable destacar las actuaciones de Marlene Dietrich, única en este tipo de papeles, y de Jane Wyman, la que luego sería famosísima como Angela Channing en *Falcon Crest*.

EXTRAÑOS EN UN TREN (1951)

Strangers on a train

Estados Unidos, 101 minutos.

Guion: Raymond Chandler, Czenzi Ormonde y Whitfield Cook, basándose en Patricia Highsmith.

Música: Dimitri Tiomkin.

Intérpretes: Farley Granger, Ruth Roman, Robert Walker, Leo G. Carroll, Patricia Hitchcock, Kasey Rogers, Marion Lorne, Jonathan Hale, Howard St. John y Norma Varden.

Extraños en un tren es una de las películas más influyentes de todos los tiempos, a tenor de lo que hemos visto tanto en la gran pantalla como en la pequeña desde que se estrenó. Si la comparamos con las demás de Hitchcock, desde luego hay muchas que la superan, pero es porque la concentración de obras maestras que van a venir a continuación fue algo tan solo propio de un genio como era él.

Cuenta la historia de un famoso tenista (Farley Granger) que quiere divorciarse para casarse con su nueva novia (Ruth Roman), algo a lo que ella no está dispuesta pese a haberle dicho que sí en un primer momento. Un día coincide en el tren con un extraño personaje (Robert Walker) que le propone el crimen perfecto: él asesinará a quien moleste al tenista y éste deberá asesinar al padre de este vividor. Lo que el tenista interpreta como una broma o una conversación intrascendente se convertirá en una pesadilla cuando su mujer sea asesinada por este psicópata y ahora este pretenda que le "devuelva el favor" y le exija que asesine a su padre si no quiere que lo culpe ante la policía, algo factible por haberse quedado un encendedor con el que puede chantajearle.

Argumentalmente, la historia es perfecta y aquí el mérito debemos atribuírselo a una casi treintañera Patricia Highsmith, que escribió aquí su novela más famosa y brillante, amén de *El talento de Mr. Ripley* y de otras muchas historias cortas que son magistrales.

La adaptación de Hitchcock es también extraordinaria y contiene multitud de detalles de enorme calidad como, por ejemplo, el hecho de que veamos el asesinato de la primera mujer a través de sus propias gafas que se han caído al suelo mientras la estrangulan; la enorme duración de un partido de tenis que debe acabar pronto para que el protagonista pueda salvarse de ser acusado y que, en cambio, se eterniza; las escenas finales en un tiovivo que se convierte en una máquina mortal…

Una historia formidable que resultaría muchas veces homenajeada en series televisivas como *CSI Las Vegas* o como *Los Simpson*, por no hablar de no pocos telefilms que la plagiarían sin citar ni a Hitchcock ni a Highsmith ni tampoco al brillante novelista Raymond Chandler, uno de los responsables del guion.

YO CONFIESO (1953)

I confess

Estados Unidos, 95 minutos.
Guion: George Tabori y William Archibald, basándose en Paul Anthelme.
Música: Dimitri Tiomkin.
Intérpretes: Montgomery Clift, Anne Baxter, Karl Malden, Brian Aherne, O. E. Hasse, Roger Dann, Dolly Haas, Charles Andre, Nan Boardman y Henry Corden.

Yo confieso es una película también un tanto especial porque, cuando estaba en el colegio y tendría unos diez años, una profesora de religión nos contaba lo que era el secreto de confesión y nos dijo que ella había visto una película de un sacerdote que sabía que alguien había asesinado a una persona pero que no podía decírselo a nadie por ese motivo. Por aquel entonces yo no sabía quién era Hitchcock y tardaría todavía unos años en descubrirlo. Más adelante, con catorce años, ya conociendo a Hitchcock y habiendo visto sus películas más famosas, vi esta y entonces recordé la historia que nos había contado aquella profesora. Cuando decidí hacer una colección de películas, *Yo confieso* fue la primera película que guardé en cinta VHS.

Posiblemente no sea de las mejores películas de Hitchcock, aunque el detalle del sacerdote que es acusado de un asesinato y no puede confesar aun sabiendo quién es el verdadero culpable no deja de ser una idea origina, si bien siempre admito que siempre dudé de si esto sucedería de verdad y si alguien actuaría como lo hace Montgomery Clift en esta película.

Más allá de la intriga, que tampoco tiene demasiada, nos encontramos ante una triste historia de amor de alguien que se mete en el sacerdocio cuando, tras volver de la guerra, descubre que su gran amor se ha casado con otro hombre después de que ella lo hubiera esperado y hubiera dejado de recibir sus cartas. Es por ello que tenemos en esta película sufrimiento por muchas partes: un cura que va a ser condenado a muerte, una mujer (Anne Baxter) que ve lo que le va a pasar a su amor y un asesino, refugiado político, que teme que se acabe descubriendo lo que hizo y que sea expatriado o ahorcado mientras el inspector de policía (Karl Malden) hostiga continuamente al sacerdote.

Si a eso le añadimos una banda sonora perfecta por parte de un genio como era Dimitri Tiomkin, lo cierto es que creo que nos encontramos ante una película muy merecedora de, por lo menos, un notable alto.

CRIMEN PERFECTO (1954)

Dial M for murder

Estados Unidos, 105 minutos.
Guion: Frederick Knott.
Música: Dimitri Tiomkin.
Intérpretes: Ray Milland, Grace Kelly, Robert Cummings, John Williams, Anthony Dawson, Leo Britt, Patrick Allen, George Leigh, George Anderson y Robin Hughes.

Quizá considerada en un principio como una película menor dentro de una filmografía de Hitchcock en la que prácticamente todo iban a ser grandes éxitos a partir de este momento, *Crimen perfecto* se ha ido revalorizando con el tiempo gracias en parte también a versiones posteriores como la protagonizada por Michael Douglas a finales de los años noventa o incluso a parodias como la española *Crimen ferpecto* (2004).

La historia trata de un marido (Ray Milland) que, tras descubrir que su mujer (Grace Kelly) tiene un amante (Robert Cummings), planea su asesinato implicando para ello a un antiguo compañero de la universidad a quien chantajea para que sea este el que la estrangule mientras él se encuentra lejos de casa en una cena. Lo que podría haber sido un plan que hubiera salido según planeaba el marido, se va complicando con numerosos detalles que no salen como él había planeado (un reloj que se para, una cabina de teléfono que está ocupada cuando es necesario hacer una llamada...), incluido un detalle que no quiero revelar para los que no hayan visto la película y que obliga al marido a improvisar y a reformular completamente su plan.

El largometraje parte de una premisa que se debate y es si resulta posible cometer el crimen perfecto en la vida real o si esto es algo que solo es posible en la ficción.

Podría decirse también que, salvo por un par de escenarios diferentes, el 90% de la historia se desarrolla en el piso de la pareja, lo que recuerda mucho a las películas que ya Hitchcock había rodado en un único escenario como *Náufragos* y *La soga*, consiguiendo de forma magistral mantener la atención del espectador en todo momento, que este no se aburra y anticipando la que sería su siguiente película y una obra maestra absoluta como *La ventana indiscreta*.

LA VENTANA INDISCRETA (1954)

Rear window

Estados Unidos, 112 minutos.
Guion: John Michael Hayes, basándose en Cornell Woolrich.
Música: Franz Waxman.
Intérpretes: James Stewart, Grace Kelly, Wendell Corey, Thelma Ritter, Raymond Burr, Judith Evelyn, Ross Bagdasarian, Georgine Darcy, Sara Berner y Frank Cady.

Llegó el turno de una de las grandes obras maestras de la historia del cine, con una historia de enorme originalidad responsabilidad de Cornell Woolrich. Trata de un periodista (James Stewart) que se encuentra convaleciente con la pierna escayolada y que se distrae mirando por la ventana y viendo qué hacen sus vecinos en sus casas.

Un día, comprueba cómo uno de ellos al que interpreta Raymond Burr —poco antes de convertirse en Perry Mason— discute con su esposa, hace varias salidas nocturnas mientras está diluviando y, a partir de este momento, ya no ve nunca más a la mujer, por lo que empieza a sospechar que la ha asesinado y descuartizado. Si bien al principio no le creen, conseguirá convencer a su novia (Grace Kelly) y a su enfermera (Thelma

Ritter) para que investiguen el asunto, lo que harán poniendo en serio peligro sus vidas.

Es mucho lo que se puede decir de esta película. Lo primero, que se trata de la culminación de la enorme habilidad que tenía Hitchcock para rodar películas que transcurrieran íntegramente en un único escenario y que en ningún momento el espectador se aburriera. Ya hablé de esto en *Náufragos*, *La soga* y casi en *Crimen perfecto*.

En segundo lugar, el hecho de que James Stewart esté todo el rato sentado en su silla de ruedas (salvo cuando está tumbado recibiendo masaje) se convierte en un maravilloso recurso que nos convierte a nosotros en protagonistas de la película. Sentados en nuestros sofás, somos nosotros mismos los que estamos viviendo la intriga al ritmo que él la vive.

El tercer acierto son todas las historias paralelas que se van viendo en cada casa, donde destaca en mi opinión la vida de una mujer solitaria (Judith Evelyn) que no tiene suerte en el amor, que habla al vacío como si fuera un novio, que casi es violada en su propio domicilio y que está a punto de suicidarse. Cada ventana actúa como si se tratara de una película diferente.

El cuarto motivo por el que esta es una obra maestra es por unos actores soberbios y no lo digo solo por la perfecta pareja protagonista con una deslumbrante Grace Kelly en la cumbre de su fama, sino también por la brillante actuación de Thelma Ritter como la enfermera sin pelos en la lengua que nos recuerda a nuestras madres o abuelas.

ATRAPA A UN LADRÓN (1955)

To catch a thief

Estados Unidos, 106 minutos.
Guion: John Michael Hayes, basándose en David Dodge.
Música: Lyn Murray.
Intérpretes: Cary Grant, Grace Kelly, Jessie Royce Landis, John
  Williams, Charles Vanel, Brigitte Auber, Jean Martinelli,
  Georgette Anys, George Adrian, John Alderson y René
  Blancard.

Atrapa a un ladrón trata de un misterioso ladrón apodado
"el Gato" que se dedica a robar joyas en Niza, de manera sigilosa
y sin que nadie lo descubra. Todos sospechan de uno que
operaba antes de la Segunda Guerra Mundial y que empezó a
formar parte de la resistencia frente a los nazis (Cary Grant).
Cansado de ser constantemente perseguido por la policía, se
dedicará a intentar averiguar quién es realmente "el Gato" a fin
de que lo dejen tranquilo, embarcando en la aventura a una
chica (Grace Kelly) cuya madre posee joyas y que, en realidad,
sospecha que él es el verdadero ladrón.

Si soy objetivo, no sé muy bien por qué la película no me
termina de convencer. Los paisajes del sur de Francia son
extraordinarios, las escenas del mercado de flores de Niza o de
las playas me parecen como viajar en el tiempo, la pareja

protagonista tiene una innegable química —aunque yo creo que no tanta el propio Grant y Eva Marie Saint en *Con la muerte en los talones*— y hay auténticas escenas de vértigo como las persecuciones de coches que tienen lugar por las carreteras de montaña... lo que no deja de ser trágico sabiendo que así perdió la vida Grace Kelly casi treinta años después.

Sin embargo, todo esto combina con escenas que en mi opinión son demasiado lentas y con una trama que se centra demasiado en la pareja protagonista y que saca muy poco partido al personaje de "el Gato"... porque ciertamente se juega bastante bien con la intriga de si puede ser o no Cary Grant, pero lo sea él o no lo sea, hay veces que parece que Hitchcock olvida que eso es lo que impulsa la trama.

Creo que quizá lo mejor sería decir que estamos ante una película regular, lejos de las mejores, pero también con detalles magníficos, especialmente por parte de una actriz que al año siguiente dejaría de trabajar en el cine para convertirse en la princesa de Mónaco.

PERO... ¿QUIÉN MATÓ A HARRY? (1955)

The trouble with Harry

Estados Unidos, 99 minutos.
Guion: John Michael Hayes, basándose en Jack Trevor Story.
Música: Bernard Herrmann.
Intérpretes: Edmund Gwenn, Shirley MacLaine, John Forsythe, Mildred Natwick, Mildred Dunnock, Jerry Mathers, Royal Dano, Parker Fennelly, Barry Macollum y Dwight Marfield.

Creo que la clave para ver *Pero... ¿quién mató a Harry?* es la misma que apuntaba para *Atormentada*, esto es, olvidarse por completo de que se trata de una película de Alfred Hitchcock y disfrutarla sin ideas preconcebidas. Si estamos todo el rato pensándolo o sobre todo esperamos ver una película de suspense en comparación con sus grandes obras maestras, la decepción está asegurada. Si asumimos que se trata de una comedia muy diferente a todo lo que el director estaba ya rodando a estas alturas la saborearemos mucho más.

El argumento es muy sencillo: trata sobre un cadáver que de repente aparece en el bosque y ante el cual toda una comunidad de vecinos de un pequeño pueblo reacciona de muy diferentes maneras, pero con el denominador común de querer ocultarlo y no comunicarlo a las autoridades. Ante todo esto, son varios los que creen haber sido los asesinos involuntarios y por ello el cadáver no para de enterrarse y desenterrarse.

Está claro que no es de las mejores películas de Hitchcock ni tampoco de las mejores comedias que se han rodado, con diversas situaciones absurdas que quizá tampoco hacen mucha gracia hoy en día.

Con todo, una maravillosa música de Bernard Herrmann, los paisajes que se ven con un magnífico empleo del color, el pueblo idílico para vivir y las escenas de amor que surgen como consecuencia del hallazgo del cadáver la convierten en una película que sí merece la pena ser vista si bien, insisto en ello, mucho mejor si se hace sin ideas previas.

EL HOMBRE QUE SABÍA DEMASIADO (1956)

The man who knew too much

Estados Unidos, 120 minutos.

Guion: John Michael Hayes, basándose en Charles Bennett y D. B. Wyndham-Lewis.

Música: Bernard Herrmann.

Intérpretes: James Stewart, Doris Day, Brenda de Banzie, Bernard Miles, Ralph Truman, Daniel Gélin, Mogens Wieth, Alan Mowbray, Hillary Brooke y Christopher Olsen.

La segunda versión de *El hombre que sabía demasiado* también tiene su historia personal, ya que fue de las primeras que vi cuando, con diez o doce años, me dio la sensación de que Hitchcock era alguien cuyas aventuras de las novelas de *Los tres investigadores* eran muy entretenidas, pero su cine muy lento después de haber visto *Rebeca, Atormentada* o incluso *Vértigo*.

Con esa sensación adolescente un tanto ambivalente con respecto al director, esta película de 1956 llena de acción —y no será porque Hitchcock no tenga películas que no dan respiro— me hizo en su momento disfrutar y animarme a ver más cosas suyas hasta que fui descubriendo que me gustaban prácticamente todas.

El argumento es muy similar a la de 1934, con alguna ligera diferencia. Como ya he adelantado, en esta ocasión, la trama se desarrolla en Marruecos y no en Suiza; se secuestra al hijo de los protagonistas y no a la hija y, en general, la madre tiene un mayor protagonismo que en la primera versión, incluida la fantástica canción *¿Qué será?* que interpreta Doris Day y que cobra vital importancia al final de la película.

Impecable también está un James Stewart que, en aquellos momentos, era un habitual de sus películas, hasta el punto de que también durante mucho tiempo, siempre que veía una imagen suya de alguna película en color, me preguntaba si no sería otra "nueva" película de Hitchcock… para luego descubrir con enorme decepción que también había trabajado con otros directores.

En resumen, entretenimiento puro es el que nos ofrece esta película con la que no creo que nadie pueda llegar a aburrirse ni un solo segundo.

FALSO CULPABLE (1957)

The wrong man

Estados Unidos, 105 minutos.
Guion: Maxwell Anderson y Angus MacPhail, basándose en el primero.
Música: Bernard Herrmann.
Intérpretes: Henry Fonda, Vera Miles, Anthony Quayle, Harold J. Stone, Charles Cooper, John Heldabrand, Esther Minciotii, Doreen Lang, Laurinda Barrett y Nehemiah Persoff.

La segunda mitad de la década de los cincuenta y la primera de los sesenta fue la época dorada de Alfred Hitchcock, aquel que cosechó una obra maestra detrás de otra, aquel que incluso sus películas menores eran absolutamente brillantes. Creo que es lo que sucede con *Falso culpable*, donde nos volvemos a encontrar con otra producción extraordinaria, menor para mucha gente por no ser de suspense puro y duro, pero, en mi opinión, a la altura de las grandes por tratarse de un drama basado en hechos reales.

Lo que hoy se ha convertido en una advertencia muy frecuente, la de «basada en hechos reales», especialmente en los telefilms, no era tan frecuente por aquel entonces, aunque ya empezaban a realizarse películas extraordinarias que no eran otra cosa más que un puro reflejo de la realidad social. Con *Falso culpable*, Hitchcock se apuntó aquí a este tipo de cine, en mi opinión, como el gran experimentador que era y los resultados son muy buenos, amén de que se trataba también de una temática omnipresente en su filmografía.

Trata de un músico (Henry Fonda) al que confunden con un atracador. Cuando una tarde vuelve a casa, es detenido por la policía, siendo identificado en una ronda de sospechosos como culpable por parte de la víctima del atraco. Con una vida que le cambia de la noche a la mañana, iniciará junto a su mujer (Vera Miles) la búsqueda del verdadero culpable para intentar salvarse a la par que la presión provocará la progresiva pérdida de la salud mental de la mujer, superada por los acontecimientos.

En definitiva, nos encontramos con la obra cumbre de todas las que Hitchcock había hecho sobre falsos culpables desde los años treinta, pero en esta ocasión no desde un punto de vista tan aventurero como en *Inocencia y juventud* o en *Sabotaje*, sino de forma mucho más pausada, centrándose en el drama que sufre una familia muy ahogada económicamente y que podría haber sido cualquiera de las nuestras.

Como apunte final, aunque no sea más que una mera anécdota, si la película se ve en versión original, hay una escena en la que podemos ver a Henry Fonda hablando en español mientras le pregunta a la portera de un edificio.

VÉRTIGO (1958)

Vertigo

Estados Unidos, 128 minutos.

Guion: Alec Coppel y Samuel A. Taylor, basándose en Pierre Boileau y Thomas Narcejac.

Música: Bernard Herrmann.

Intérpretes: James Stewart, Kim Novak, Barbara Bel Geddes, Tom Helmore, Henry Jones, Raymond Bailey, Ellen Corby, Konstantin Shayne y Lee Patrick.

Comienzan las obras maestras absolutas de Hitchcock con *Vértigo*, también conocida como *De entre los muertos*. Si el listón ya estaba alto con algunas de las películas nombradas hasta este momento, nos encontramos aquí una joya que, siempre lo he dicho, creo que tiene un ritmo bastante lento, pero que, aun así, nos muestra una historia que nos atrapa.

Trata de un policía retirado (James Stewart) como consecuencia del vértigo que ha desarrollado al ver cómo un compañero suyo policía se precipita al vacío. Un día es contratado por un antiguo compañero para que siga a su mujer (Kim Novak), quien parece estar poseída por el espíritu de Carlota Valdés, alguien muerta desde el siglo XIX y cuyo espíritu parece estar apropiándose de ella. Enamorado a primera vista, empezará a seguirla, a estudiar su comportamiento e incluso a salvarle la vida cuando, en un momento de trance, se arroje a la bahía de San Francisco.

No cuento más porque siempre puede haber personas que no la hayan visto y no quiero desvelar nada de la trama. En todo caso, como decía, James Stewart vuelve a demostrar el mismo poder que había mostrado en *La ventana indiscreta* para mimetizarnos con él, porque somos nosotros mismos los que seguimos a Kim Novak y los que vamos descubriendo el misterio que rodea su vida, somos nosotros mismos los que saltamos a la bahía, los que nos perdemos por un bosque de secuoyas cuando la vemos desaparecer, los que conducimos mientras él lo hace...

Tampoco hablaré nada sobre la segunda parte de la película, pero igualmente es fascinante, con unas fantásticas escenas de amor entre los protagonistas, un beso con el que la cámara hace un giro completo de 360 grados, unas escenas oníricas muy distantes de la que diseñó Dalí para *Recuerda* pero también de gran calidad y una banda sonora colosal por parte de Bernard Herrmann, a quien tanto debe también Alfred Hitchcock.

Vuelvo quizá a sacarle el pequeño defecto del ritmo, pero por lo demás solo puedo decir que se trata de una película perfecta.

CON LA MUERTE EN LOS TALONES (1959)

North by Northwest

Estados Unidos, 136 minutos.
Guion: Ernest Lehman.
Música: Bernard Herrmann.
Intérpretes: Cary Grant, Eva Marie Saint, James Mason, Jessie Royce Landis, Leo G. Carroll, Josephine Hutchinson, Philip Ober, Martin Landau, Adam Williams, Edward Platt y Robert Ellenstein.

Entretenimiento del bueno en otra obra maestra del cine que trata uno de los temas preferidos de Hitchcock, el de los falsos culpables, pero esta vez como un puro espectáculo lleno de acción con una trama de acción trepidante al estilo de *Inocencia y juventud* o *Sabotaje* (1942), pero, en mi opinión, todavía mucho mejor al contener un argumento lleno de sorpresas, donde nada es lo que parece y donde cada personaje sorprende a la escena siguiente con algo que el espectador no espera.

De alguna forma, la fórmula que Hitchcock explotó en *Con la muerte en los talones* es también una de las grandes culpables de que, en los años sesenta, triunfaran tanto dos joyas dirigidas por Stanley Donen y también protagonizadas por Cary Grant como fueron *Charada* (1963) y *Arabesco* (1966), de planteamiento y estilo visual muy parecido.

Los actores también están extraordinarios. Así como James Stewart era perfecto para papeles más pausados, Cary Grant resulta idóneo para estas combinaciones de misterio, aventuras a todo ritmo e incluso comedia. Eva Marie Saint, quien en julio de este año cumplirá un centenario de vida, no desmerece a ninguna de las otras actrices fetiche del director y cumple a la perfección en lo que fue la transición de Hitchcock entre Grace Kelly y Tippi Hedren. En cuanto a los "malos" de la película, James Mason y Martin Landau están para quitarse el sombrero.

Si a ello le unimos escenas míticas como Grant esquivando a un avión que lo quiere matar —un fragmento homenajeado hasta la saciedad, incluso en películas tan distantes temáticamente como *¡Más fuerte, muchachos!* (1972), de los inolvidables Bud Spencer y Terence Hill—o a la pareja huyendo por el monte Rushmore en el que están las efigies de los presidentes estadounidenses, nos encontramos ante dos horas de puro deleite, además de ante una de las joyas del cine y de una de las películas más entretenidas que seguramente veremos en nuestra vida.

PSICOSIS (1960)

Psycho

Estados Unidos, 109 minutos.
Guion: Joseph Stefano, basado en Robert Bloch.
Música: Bernard Herrmann.
Intérpretes: Anthony Perkins, Vera Miles, John Gavin, Janet Leigh, Martin Balsam, John McIntire, Simon Oakland, Frank Albertson, Patricia Hitchcock, Vaughn Taylor y John Anderson.

Psicosis no es solo cine. *Psicosis* es cultura del siglo XX y, por qué no, también del siglo XXI. No solo es una película que no falta en ningún libro de historia del cine, sino que hablamos de algo que cualquier generación conoce aunque para ello quizá también haya influido recientemente, no lo neguemos, una serie tan sugestiva como *Motel Bates*, por muchas diferencias que pueda haber con respecto a la historia original.

Son muchos los temas de los que se podría hablar aquí. El primero, el de una historia impactante que supo adaptar muy bien una novela de Robert Bloch plagada de aciertos e inspirada de refilón en los asesinatos cometidos por Ed Gein en 1957.

El segundo, el de la novedad que supuso que, frente a una década de peligros que venían del exterior a través de extraterrestres, monstruos, mutaciones… como fue la de los cincuenta, la película nos muestre con creces cómo el mayor monstruo al que nos podemos enfrentar a menudo reside en nuestro interior y en la mente de cada uno de nosotros. No es que esto fuera nuevo porque los años cuarenta están llenos de cine sobre psicoanálisis, traumas, enfermedades mentales…, pero ciertamente nunca habían llegado hasta los límites vistos en *Psicosis*.

En tercer lugar, lo que nunca sucedía en ninguna película y es lo que le pasa a la estrella (Janet Leigh) en la primera media hora…y que no cuento por si hay alguien que no ha visto la película y no sabe de qué va, lo que me resulta francamente difícil de creer.

En cuarto lugar, por un Anthony Perkins en el mejor papel de su carrera. No fue el único, ni mucho menos, y de hecho Perkins siempre fue un actor muy versátil, pero no cabe duda de que su interpretación más recordada será siempre la de Norman Bates.

En quinto, y de nuevo vuelvo a lo personal, porque algunos cuando éramos pequeños y se iba a estrenar *Psicosis IV: el comienzo* (1990) no queríamos saber nada de una saga que daba muchísimo miedo y que, por desgracia, le encantaba a mi padre.

Así podría seguir indefinidamente. Son muchos los motivos por los que *Psicosis* es una de mis películas favoritas de la historia del cine.

LOS PÁJAROS (1963)

The birds

Estados Unidos, 119 minutos.
Guion: Evan Hunter, basándose en Daphne Du Maurier.
Música: Bernard Herrmann.
Intérpretes: Tippi Hedren, Rod Taylor, Jessica Tandy, Suzanne Pleshette, Veronica Cartwright, Ethel Griffies, Charles McGraw, Ruth McDevitt, Lonny Chapman, Joe Mantell y Doodles Weaver.

Nueva película suficientemente conocida por todo el mundo como para poder decir realmente nada nuevo. Protagonizada por Tippi Hedren y Rod Taylor como actores principales, la acción transcurre en una pequeña población costera que se ve amenazada por ataques coordinados de pájaros que se lanzan en bandada a atacar a la población como si tuvieran una inteligencia colectiva destructiva.

Por un lado, tengo que confesar que, llevando la contraria a cualquier cinéfilo, nunca me terminó de convencer esta película porque, aun cuando muchas fueran puro entretenimiento y hubiera situaciones inverosímiles, creo que todas las demás tenían un poso de realismo que se pierde por completo en *Los pájaros*. No voy a decir que sea una mala historia y mucho menos viniendo de Daphne Du Maurier —la misma autora en la que se basaron *La posada Jamaica* o *Rebeca*—, pero creo que es una inmersión de Hitchcock en el cine fantástico que, por lo menos a mí, no me termina de convencer y máxime cuando acababa de hacer *Psicosis*, con lo innovadora que había resultado por su penetración en el interior de la mente humana y demostración de dónde se encuentran los verdaderos fantasmas del ser humano.

Con todo, estaría faltando a la verdad si no reconociera que nos encontramos ante una muy buena película que se ha quedado prácticamente sin sorpresas en su argumento para cualquiera que no la haya visto como consecuencia de ser tan famosa y de que muchas de sus escenas han sido reutilizadas posteriormente a modo de homenaje, como por ejemplo sucede en *Los Simpson*.

También conviene resaltar que esta fue la primera de las dos películas que Hitchcock rodó con Tippi Hedren, con el continuo acoso que sufrió por parte de un director que se obsesionó con ella después de que por fin hubiera encontrado a la actriz rubia que buscaba constantemente después de "su" Grace Kelly.

En definitiva, sería injusto si no reconociera que estamos ante una de las películas más famosas del siglo XX con imágenes que están en la retina de todas las generaciones que la han visto, si bien, no es menos cierto que la novela de Du Maurier, escrita en 1952, tiene un antecedente muy evidente y no siempre reconocido en el cuento corto *Nuestros amigos los pájaros*, que publicó Philip MacDonald en 1930.

MARNIE, LA LADRONA (1964)

Marnie

Estados Unidos, 130 minutos.
Guion: Jay Presson Allen, basándose en Winston Graham.
Música: Bernard Herrmann.
Intérpretes: Tippi Hedren, Martin Gabel, Sean Connery, Louise Latham, Diane Baker, Alan Napier, Bob Sweeney, Milton Selzer, Henry Beckman, Edith Evanson, Mariette Hartley y Bruce Dern.

Generalmente se ha dicho que, a partir de *Los pájaros*, el cine de Hitchcock bajó en calidad e incluso que él se abrumaba por no conseguir los niveles de aceptación y popularidad de los años cincuenta y comienzos de los sesenta. En parte, quizá es algo cierto puesto que en *Marnie, la ladrona*, si somos estrictos, hay muchas cosas que ya hemos visto en sus películas anteriores como, por ejemplo, el recurso a un trauma del pasado que condiciona las acciones del presente y que se descubre mediante psicoanálisis.

En esta ocasión tenemos a una cleptómana y mentirosa compulsiva interpretada por Tippi Hedren, que va cambiando de ciudad y de trabajo, robando las cajas fuertes de todos ellos hasta que entra a trabajar para un jefe (Sean Connery) que se enamora de ella y que no parará hasta averiguar qué le sucede a Marnie.

Si pensamos en *Recuerda*, los paralelismos son evidentes e incluso hay escenas muy parecidas a otras películas de Hitchcock como un cepillado de pelo estilo *Rebeca* o un travelling aéreo que acaba en el primer plano de un personaje con las mismas características que ya habíamos visto en *Inocencia y juventud* o *Encadenados*.

Admitiendo esto, es decir, que de entrada parece que nos encontramos ante un Hitchcock que en esta película parece haber perdido parte de su eterna capacidad innovadora, lo cierto es que seguimos ante un director fascinante en un largometraje de ritmo lento estilo *Vértigo*, pero que penetra a la perfección en la psicología de Marnie, que se atreve a tocar temas nuevos como las relaciones sexuales, el suicidio o la prostitución, que muestra personajes fascinantes como una celosa cuñada del protagonista que está enamorada de él y a la que interpreta Diane Baker…

En definitiva, *Marnie, la ladrona* es una película un tanto extraña que, por un lado, sí, arrastra muchos elementos ya vistos anteriormente, pero, al mismo tiempo, los combina con otros de notable experimentación, convirtiéndose en algo que, en mi opinión, no está tan mal como reflejó una crítica, la del momento, demasiado apegada a los colosales éxitos que obtuvo con sus precedentes producciones.

CORTINA RASGADA (1966)

Torn curtain

Estados Unidos, 128 minutos.
Guion: Brian Moore.
Música: John Addison.
Intérpretes: Paul Newman, Julie Andrews, Lila Kedrova, Hansjörg Felmy, Tamara Toumanova, Ludwig Donath, Wolfgang Kieling, Günter Strack, David Opatoshu, Gisela Fischer y Mort Mills.

Cortina rasgada es una película que me gustó siempre desde la primera vez que la vi y, además en lo personal, recuerdo haber ido a ver una vez a mi abuela y que ella la estaba viendo justo en la escena de la granja, una de las mejores de todo el largometraje.

Trata de una pareja de científicos norteamericanos (Paul Newman y Julie Andrews en el mejor momento de sus carreras) que viaja hasta la República Democrática Alemana para encontrarse con un profesor de la Universidad de Leipzig, a quien pretenden arrebatarle un secreto relacionado con la energía atómica en plena Guerra Fría.

La primera crítica negativa no tardó en llegar: el cine de Hitchcock de repente se había politizado y esto no gustó. Dejaré este tema para cuando hable de *Topaz*. Segunda crítica: Hitchcock no se encontraba ya al mismo nivel y todas sus películas posteriores a *Marnie, la ladrona* —incluida por parte de muchos— son muy flojas.

En mi opinión, esto sucede quizá porque, por un lado, en los años sesenta cambiaron los gustos y es cierto que quizá Hitchcock fue pasando un tanto de moda y, por el otro, porque siempre se le estuvo comparando con sus grandes películas, aquellas que hizo entre 1954 y 1962. Si prescindimos de esto e intentamos acercarnos a sus últimas producciones con cierta objetividad, no creo que se traten de malas películas.

En *Cortina rasgada* encontramos un argumento que nos mantiene en tensión durante dos horas, que no tiene partes aburridas ni de relleno, con una relación amorosa que nos hace sufrir por todo lo que él le oculta a ella para protegerla, que tiene escenas colosales como la citada de la granja o un viaje angustioso en un falso autobús que hace el recorrido entre Leipzig y Berlín o que cuenta con montones de personajes inolvidables entre los que resisten al régimen comunista, como la granjera, todos los que viajan en el autobús o una excéntrica condesa polaca (genial Lila Kedrova) que solo quiere salir del país.

Definitivamente, no creo que se trate de una mala película, ni mucho menos, sino diferente y con muchas genialidades que la hacen muy atractiva y en las que Hitchcock mantiene el suspense como en sus mejores momentos.

TOPAZ (1969)

Estados Unidos, 143 minutos.
Guion: Samuel A. Taylor, basándose en Leon Uris.
Música: Maurice Jarre.
Intérpretes: Frederick Stafford, Dany Robin, John Vernon, Karin Dor, Michel Piccoli, Philippe Noiret, Claude Jade, Michel Subor, Per-Axel Arosenius, Roscoe Lee Browne y John Forsythe.

Si la popularidad de Hitchcock iba decreciendo y sus dos últimas películas ya no habían cosechado los éxitos de las anteriores, no le ayudó en nada *Topaz*, una densa película de espionaje que muchos han considerado de las peores que dirigió, en parte, por estar todavía mucho más politizada incluso que *Cortina rasgada* y quizá también porque, por primera vez en muchos años, ya no contaba con ninguna estrella en el reparto.

En ella, un agente francés (Frederick Stafford) viaja a Cuba para ver qué están organizando allí los rusos en 1962 después de que un desertor de la KGB se haya refugiado en EE. UU. y haya revelado secretos militares. Su objetivo será sacar fotos de los misiles para el gobierno americano. Al volver, aún le queda una sorpresa como será la de desenmascarar a una célula de franceses infiltrados que trabajan para el gobierno ruso.

Esta politización innegable no debería sorprender, puesto que, en realidad, el cine de Hitchcock nunca fue ajeno a la política si recordamos las películas de los años treinta y primera mitad de los cuarenta cuando el avance del nazismo y los traidores e infiltrados, a menudo bajo la fachada de ciudadanos respetables, eran una constante en su cine.

Hay que admitir que, a no ser que a uno le guste mucho Hitchcock o el cine de espías, *Topaz* puede parecerle aburrida y muy compleja, pero, si uno disfruta con este género, lo que se encuentra es una película muy seria, bien construida, sin "fantasmadas" del estilo de James Bond, con actores que están muy a la altura de cualquier gran estrella del pasado y con una trama llena de giros sorprendentes, mentiras, traiciones, conspiraciones, infidelidades matrimoniales y unas actuaciones femeninas magistrales de Dany Robin y Karin Dor como las grandes mujeres que rodean la vida del protagonista y cuya vida secreta no está ni muchos menos por debajo de la suya.

Añádase a todo esto la música de Maurice Jarre, un John Vernon absolutamente mimetizado con Fidel Castro aun cuando no lo interprete a él y alguna que otra escena memorable como la de Juanita de Córdoba con vestido morado o la tensión del robo de documentos de la embajada cubana. El resultado para los que nos gustan este tipo de películas no está nada mal, en absoluto.

FRENESÍ (1972)

Frenzy

Reino Unido, 116 minutos.
Guion: Anthony Shaffer, basándose en Arthur La Bern.
Música: Ron Goodwin.
Intérpretes: Jon Finch, Barry Foster, Barbara Leigh-Hunt, Anna Massey, Alec McCowen, Vivien Merchant, Billie Whitelaw, Clive Swift, Bernard Cribbins, Michael Bates, Jean Marsh, Madge Ryan y Elsie Randolph.

La verdad es que nunca me ha gustado mucho *Frenesí*, en parte quizá porque no soy un gran entusiasta del cine de los años setenta. Con esta película, la penúltima de su filmografía, Hitchcock volvía al Reino Unido más de treinta años después, trayéndonos la historia de un psicópata sexual que viola a mujeres y las estrangula con su corbata. Salvando las distancias, la vuelta a sus orígenes es casi completa con una trama que en algún aspecto nos recuerda a *El enemigo de las rubias* y que enlaza con las típicas historias londinenses relacionadas con Jack el Destripador... pero sin estereotipos, sin niebla y mostrando la ciudad tal y como es, como un lugar lleno de bullicio, de gente yendo a todos los sitios, en los bares, en los mercados...

La película tiene detalles geniales que recuerdan al mejor Hitchcock como al asesino entrando en su casa con una de sus futuras víctimas y la cámara alejándose sin entrar en el apartamento, bajando las escaleras, saliendo a la calle y mezclándose con el ruido de manera que cualquier grito de la víctima resulta imposible de oír.

En otra escena, el asesino descubre que una víctima le ha quitado el alfiler de su corbata y este se verá obligado a hacer lo imposible para recuperarlo en una larga escena de suspense al más puro estilo de Hitchcock.

Con todo, volvemos al tema del falso culpable, de las psicopatías que sorprendían en *Recuerda* y *Psicosis*, un poco menos en *Marnie, la ladrona* y ya muy poco a estas alturas, encontramos desnudos que yo creo que no eran necesarios en alguien como Hitchcock —no digo en otros cineastas, pero yo creo que a Hitchcock no le hacía falta recurrir a según qué planos y más bien parece un recurso un tanto desesperado para atraer al público— y, en general, una estética que se hace un poco extraña en su cine, aunque es evidente que eran los años setenta y la gente ya no vestía como en los cuarenta.

LA TRAMA (1976)

Family plot

Estados Unidos, 120 minutos.
Guion: Ernest Lehman, basándose en Victor Canning.
Música: John Williams.
Intérpretes: Karen Black, Bruce Dern, Barbara Harris, William Devane, Ed Lauter, Cathleen Nesbitt, Katherine Helmond, Warren J. Kemmerling, Edith Atwater, William Prince, Nicholas Colasanto y Marge Redmond..

La última película de Alfred Hitchcock, *La trama*, nos trae un argumento muy bien construido y entretenido que tiene como protagonistas a una pareja de novios, él taxista y ella falsa vidente (Bruce Dern y Barbara Harris) que, bajo una recompensa de 10000$, reciben el encargo de encontrar a un niño que fue dado en adopción y que ahora se ha convertido en el heredero de una fortuna...el problema será cuando, al momento, descubramos que ese heredero es alguien (William Devane) que, junto a su pareja (Karen Black), se dedica a secuestrar a importantes personalidades para pedir luego un rescate que siempre consiste en las joyas y rubíes más caros y singulares del mundo.

Si huimos de las comparaciones con sus grandes clásicos, lo que, insisto, tanto ha lastrado siempre las críticas a las últimas películas de Hitchcock, nos encontramos ante una obra de ritmo acelerado y tremendamente entretenida, no muy llena de sorpresas argumentales para el espectador que ya conoce lo que hay, pero sí para los protagonistas que van de un sitio a otro encontrándose con todo tipo de personas, con tumbas vacías o incluso con la necesidad de tener que salvar su vida después de que les hayan cortado los frenos en una carretera de montaña o que un coche haya intentado atropellarles, en dos claros guiños que nos recuerdan a *Con la muerte en los talones*.

La química de la pareja protagonista es también fantástica no desde el punto de vista del amor como en otras películas, sino por el toque cómico que le dan a su interpretación con constantes discusiones entre ellos que no dejan de ser de enamorados. Puede que Bruce Dern y Barbara Harris no sean nunca recordados a la larga como Cary Grant e Ingrid Bergman o como James Stewart y Kim Novak, si bien, al igual que aquellos, bordan sus papeles y consiguen meterse a los espectadores en el bolsillo.

En mi opinión, un buen cierre para una filmografía extraordinaria por parte de quien sin duda es uno de los mejores directores de la historia del cine.

OTRAS PUBLICACIONES

Libros de cine

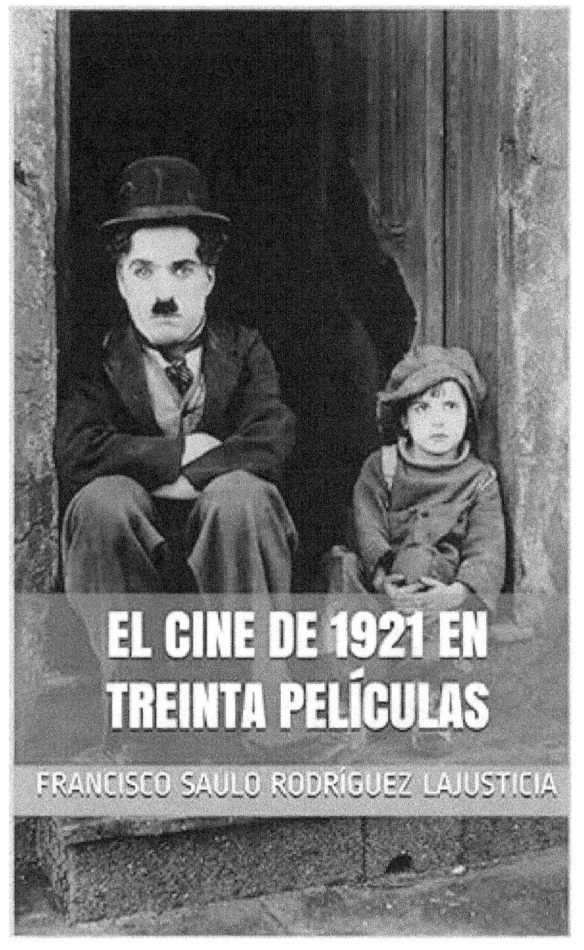

Este libro, dedicado al cine de 1921, se trata de una selección de las treinta películas más importantes de ese año, desde las más conocidas como "El chico" (Charles Chaplin), "Las dos huérfanas" (D. W. Griffith), "Las tres luces" (Fritz Lang) o "La carreta fantasma" (Victor Sjöström) hasta otras que son bastantes menos conocidas por el gran público pese a ser enormemente atractivas.

Pertenecientes a todos los géneros, en este libro se proporciona un amplio resumen de su argumento sin desvelar ningún detalle importante sobre el mismo, se realizan comentarios de lo más relevante de cada largometraje y, en algunos casos, se indican las novelas en las que se inspiraron dichas películas.

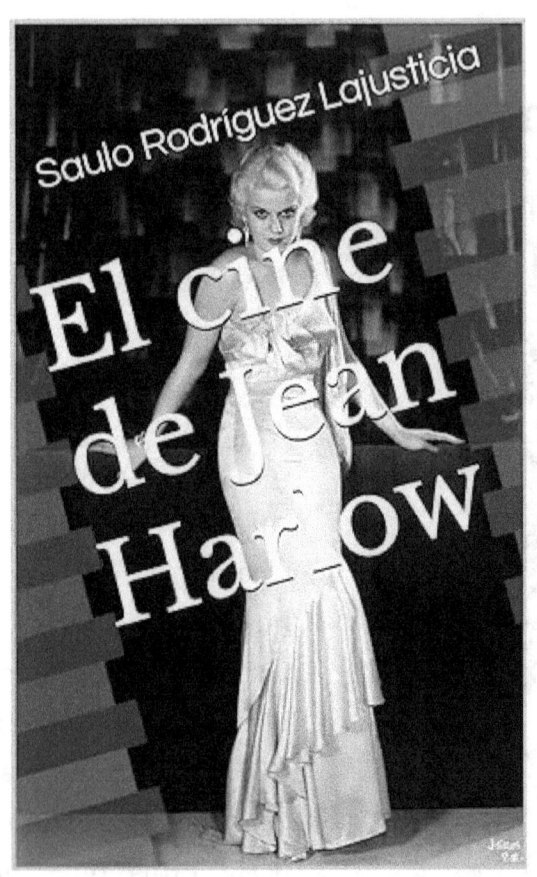

En 1937 falleció la joven actriz Jean Harlow a consecuencia de una insuficiencia renal y de varias enfermedades que tuvo a lo largo de su corta vida y que se le fueron complicando en su recta final. Tenía tan solo 26 años.

En el corto espacio de tiempo en el que se mantuvo activa en el cine, entre 1928 y 1937, pero sobre todo a partir de 1930, cuando obtuvo fama internacional por su interpretación en Los ángeles del infierno, Jean Harlow se convirtió en todo un mito y en una de las personas más populares de los años treinta.

Caracterizada por su cabello rubio platino y por un lunar que iba cambiando de posición en las diferentes películas que protagonizó, Jean Harlow se convirtió en el modelo que inspiraría a multitud de mujeres, entre las cuales el ejemplo más evidente es una Marilyn Monroe que, en los años cincuenta, imitó por completo su estética.

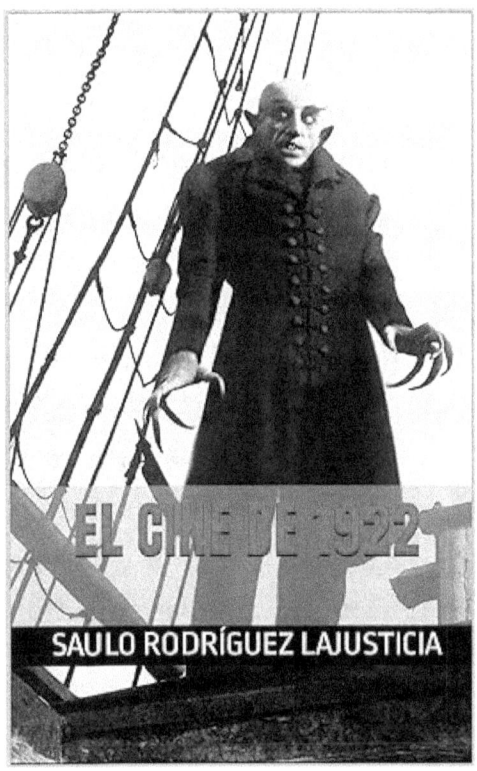

Este libro contiene un análisis de las siguientes películas del año 1922:

- Esposas frívolas.
- Los estigmatizados.
- La fortaleza de Suram.
- The headless horseman.
- El homicida.
- The light in the dark.
- Lorna Doone.
- Lucrecia Borgia.
- The man from beyond.
- El mimado de la abuelita.
- Moran of the lady Letty.
- Mud and sand.
- La mujer del faraón.
- Nanook, el esquimal.
- Nosferatu, el vampiro.
- Oliver Twist.
- One exciting night.
- El prisionero de Zenda.
- Rob Roy.
- Robin de los bosques.
- Rostro pálido.
- Salomé.
- Sangre y arena.
- Sansón y Dalila.
- Sherlock Holmes.
- Sky High.
- Sodoma y Gomorra.
- Trapped by the mormons.
- Los tres mosqueteros.

- 365 days.
- A Barnyard cavalier.
- A day with Thomas A. Edison.
- A joy ride.
- A santa notte.
- Bleak house.
- La brujería a través de los tiempos.
- Cainà.
- Camaradas a bordo.
- El conde de Montecristo.
- Día de paga.
- El doctor Mabuse.

www.ingramcontent.com/pod-product-compliance
Lightning Source LLC
Chambersburg PA
CBHW070926290526
45795CB00001B/436

se dice que ha afectado a los descubridores de Tutankamón se está cebando con ellos.

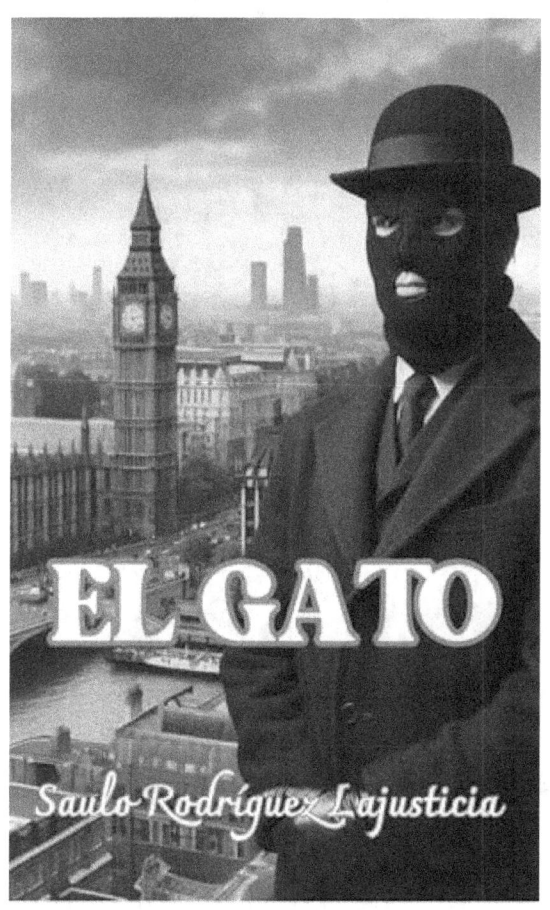

Un misterioso criminal que se hace llamar "El Gato" envía notas a varios aristócratas avisándoles de que un día concreto robará en sus casas. Aunque al principio todos creen que se trata de bromas, los robos siempre se producen y un día una de las víctimas aparece asesinada.

El comisario Horace Caruso y el torpe inspector David Watterson se ponen manos a la obra con la investigación, en especial después de que "El Gato" haya amenazado a lord Chester Anderson con robarle un rubí en plena Nochebuena.

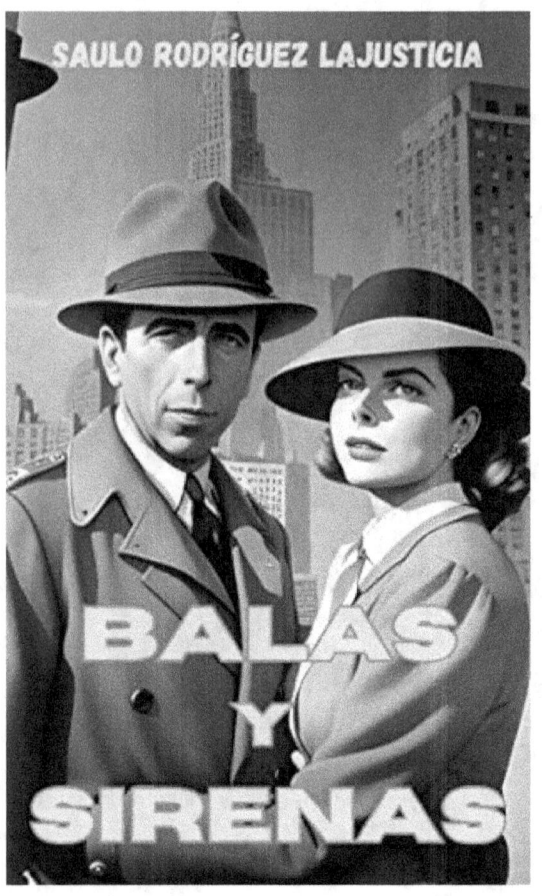

Tras haberse conocido en Francia y haberse vuelto a encontrar en Marruecos, Sam Bogart recala en Nueva York y se convierte en detective. Lo que menos podía imaginar es que allí volvería a encontrarse con Elsa Bergman, quien además le confiesa que actúa como agente secreta del gobierno británico.

Es 1947 y ambos comienzan a investigar la muerte de Paul Woods, un banquero que tenía contactos con la mafia y que ha sido asesinado en su oficina. Nadie parece lamentar su muerte, ni su secretaria personal ni mucho menos su viuda, una llamativa mujer bastante más joven que él.

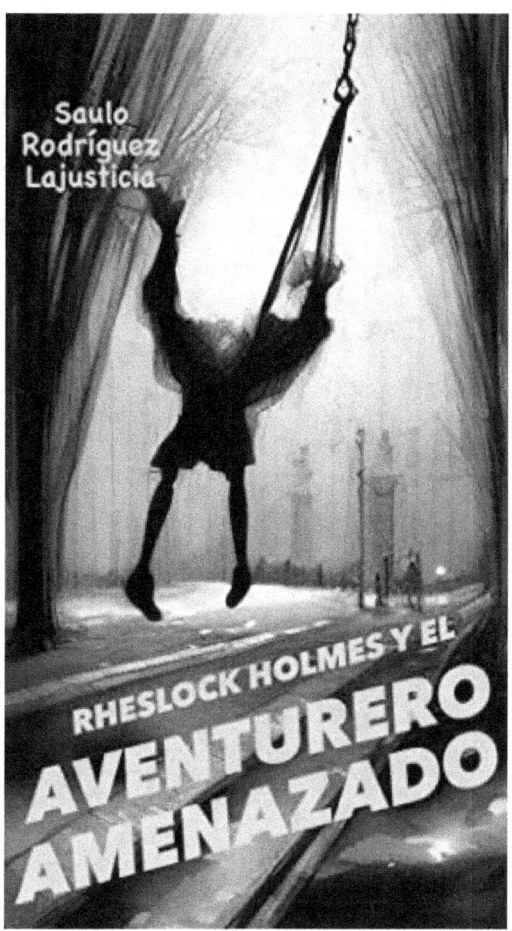

Loretta Livingstone vive con su tío Lionel en una mansión cercana a Worcester. Un día, empiezan a recibir misteriosos anónimos en los que aparecen dibujos de ahorcados y anotaciones sin aparente sentido. Pese a sentirse aterrorizado por ellos y relacionarlos con su pasado en Sudáfrica, su tío le prohíbe que acuda a la policía, por lo que Loretta decide visitar a Rheslock Holmes y al doctor Wats con la esperanza de que la ayuden.

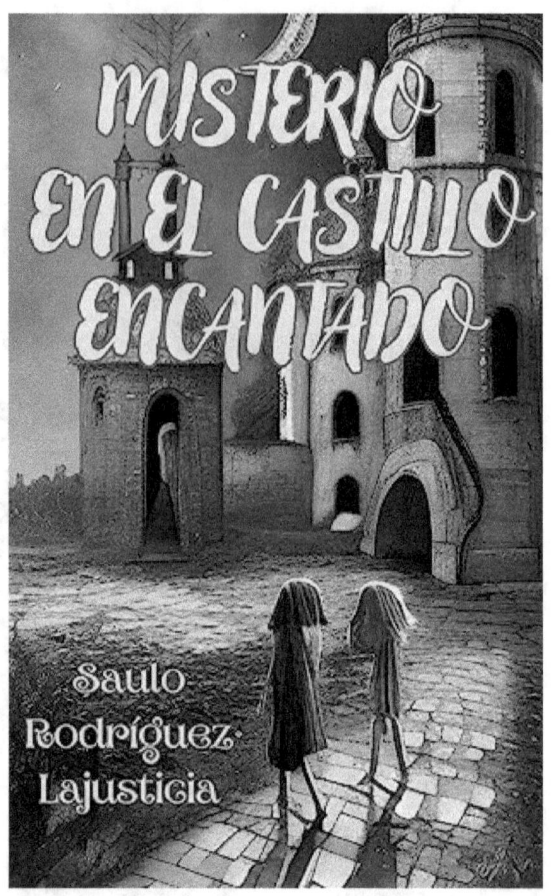

Tamiroff es un comisario con cuatro niños a los que había acogido, los adolescentes Yuri y Lara y los pequeños Boris y Ninochka.

Cuando estos le piden acompañarlo en la investigación de un caso, no es capaz de decirles que no y, por eso, los cinco realizan un viaje hacia Jabor, un pueblo en el que se dice que hay un castillo encantado y en cuyos alrededores han desaparecido dos jóvenes sin dejar rastro.

EL CASO DEL AHORCADO DEL PIJAMA

Saulo Rodríguez Lajusticia

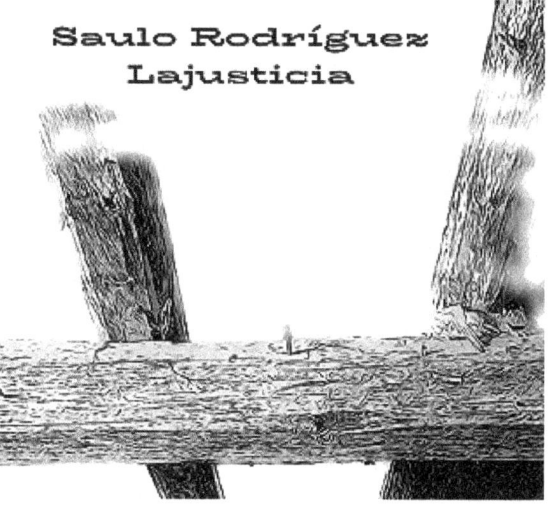

1929 fue un año en el que sucedieron muchas cosas. La más famosa, la que pasó a todos los libros de Historia, fue la del colapso de la Bolsa de Nueva York. Para mí, no obstante, la más importante fue mi primer caso como sargento de policía junto a mi hijo, el inspector Hugo Rodak y cómo nos vimos envueltos en el misterio del ahorcamiento del empresario Mathew Cox en el sótano de su casa.

www.ingramcontent.com/pod-product-compliance
Lightning Source LLC
Chambersburg PA
CBHW070926290526
45795CB00001B/436